TRANZLATY

Language is for everyone

Limba este pentru toată lumea

The Little Mermaid

Mica Sirenă

Hans Christian Andersen

English / Română

Copyright © 2023 Tranzlaty
All rights reserved.
Published by Tranzlaty
ISBN: 978-1-83566-947-1
Original text by Hans Christian Andersen
Den Lille Havfrue
First published in Danish in 1837
www.tranzlaty.com

The Sea King's Palace
Palatul Regelui Mării

Far out in the ocean, where the water is blue
Departe în ocean, unde apa este albastră
here the water is as blue as the prettiest cornflower
aici apa este albastră ca cea mai frumoasă floarea de colț
and the water is as clear as the purest crystal
iar apa este limpede ca cel mai pur cristal
this water, far out in the ocean is very, very deep
această apă, departe în ocean, este foarte, foarte adâncă
water so deep, indeed, that no cable could reach the bottom
apă atât de adâncă, într-adevăr, încât niciun cablu nu putea ajunge la fund
you could pile many church steeples upon each other
ai putea îngrămădi multe turle de biserică una peste alta
but all the churches could not reach the surface of the water
dar toate bisericile nu puteau ajunge la suprafata apei
There dwell the Sea King and his subjects
Acolo locuiesc Regele Mării și supușii săi
you might think it is just bare yellow sand at the bottom
ați putea crede că este doar nisip galben gol în partea de jos
but we must not imagine that there is nothing there
dar nu trebuie să ne imaginăm că acolo nu este nimic
on this sand grow the strangest flowers and plants
pe acest nisip cresc cele mai ciudate flori si plante
and you can't imagine how pliant the leaves and stems are
și nu vă puteți imagina cât de flexibile sunt frunzele și tulpinile
the slightest agitation of the water causes the leaves to stir
cea mai mica agitare a apei face ca frunzele sa se agite
it is as if each leaf had a life of its own
parcă fiecare frunză ar avea o viață proprie
Fishes, both large and small, glide between the branches
Peștii, atât mari cât și mici, alunecă între ramuri
just like when birds fly among the trees here upon land

exact ca atunci când păsările zboară printre copaci aici pe uscat

In the deepest spot of all stands a beautiful castle
În cel mai adânc loc dintre toate se află un castel frumos
this beautiful castle is the castle of the Sea King
acest frumos castel este castelul Regelui Mării
the walls of the castle are built of coral
zidurile castelului sunt construite din coral
and the long Gothic windows are of the clearest amber
iar ferestrele lungi gotice sunt de cel mai clar chihlimbar
The roof of the castle is formed of sea shells
Acoperișul castelului este format din scoici de mare
and the shells open and close as the water flows over them
iar scoicile se deschid și se închid pe măsură ce apa curge peste ele
Their appearance is more beautiful than can be described
Aspectul lor este mai frumos decât poate fi descris
within each shell there lies a glittering pearl
în fiecare cochilie se află o perlă sclipitoare
and each pearl would be fit for the diadem of a queen
iar fiecare perlă ar fi potrivită pentru diadema unei regine

The Sea King had been a widower for many years
Regele Mării era văduv de mulți ani
and his aged mother looked after the household for him
iar mama lui bătrână avea grijă de gospodărie pentru el
She was a very sensible woman
Era o femeie foarte sensibilă
but she was exceedingly proud of her royal birth
dar era extrem de mândră de nașterea ei regală
and on that account she wore twelve oysters on her tail
și din acest motiv purta douăsprezece stridii pe coadă
others of high rank were only allowed to wear six oysters
altora de rang înalt nu aveau voie să poarte decât șase stridii
She was, however, deserving of very great praise

Totuși, merita o laudă foarte mare
there was something she especially deserved praise for
era ceva pentru care merita în special laude
she took great care of the little sea princesses
a avut mare grijă de micile prințese ale mării
she had six granddaughters that she loved
a avut șase nepoate pe care le-a iubit
all the sea princesses were beautiful children
toate prințesele mării erau copii frumoși
but the youngest sea princess was the prettiest of them
dar cea mai tânără prințesă a mării era cea mai drăguță dintre ei
Her skin was as clear and delicate as a rose leaf
Pielea ei era limpede și delicată ca o frunză de trandafir
and her eyes were as blue as the deepest sea
iar ochii ei erau albaștri ca marea cea mai adâncă
but, like all the others, she had no feet
dar, ca toate celelalte, nu avea picioare
and at the end of her body was a fish's tail
iar la capătul corpului ei era o coadă de pește

All day long they played in the great halls of the castle
Toată ziua s-au jucat în sălile mari ale castelului
out of the walls of the castle grew beautiful flowers
din zidurile castelului creșteau flori frumoase
and she loved to play among the living flowers
și îi plăcea să se joace printre florile vii
The large amber windows were open, and the fish swam in
Ferestrele mari de chihlimbar erau deschise, iar peștii au înotat
it is just like when we leave the windows open
este exact ca atunci când lăsăm ferestrele deschise
and then the pretty swallows fly into our houses
și apoi rândunelele frumoase zboară în casele noastre
only the fishes swam up to the princesses
doar peștii au înotat până la prințese
they were the only ones that ate out of her hands

au fost singurii care au mâncat din mâinile ei
and they allowed themselves to be stroked by her
și s-au lăsat mângâiați de ea

Outside the castle there was a beautiful garden
În afara castelului era o grădină frumoasă
in the garden grew bright-red and dark-blue flowers
în grădină creșteau flori roșu aprins și albastru închis
and there grew blossoms like flames of fire
și acolo au crescut flori ca flăcări de foc
the fruit on the plants glittered like gold
fructele de pe plante sclipeau ca aurul
and the leaves and stems continually waved to and fro
iar frunzele și tulpinile fluturau continuu încoace și încolo
The earth on the ground was the finest sand
Pământul de pe pământ era cel mai fin nisip
but this sand does not have the colour of the sand we know
dar acest nisip nu are culoarea nisipului pe care îl cunoaștem
this sand is as blue as the flame of burning sulphur
acest nisip este albastru ca flacăra sulfului care arde
Over everything lay a peculiar blue radiance
Peste toate se întindea o strălucire albastră ciudată
it is as if the blue sky were everywhere
parcă cerul albastru ar fi peste tot
the blue of the sky was above and below
albastrul cerului era deasupra și dedesubt
In calm weather the sun could be seen
Pe vreme calmă se vedea soarele
from here the sun looked like a reddish-purple flower
de aici soarele arăta ca o floare roșiatică-violet
and the light streamed from the calyx of the flower
iar lumina curgea din caliciul florii

the palace garden was divided into several parts
grădina palatului a fost împărțită în mai multe părți
Each of the princesses had their own little plot of ground

Fiecare dintre prințese avea propriul lor mic teren
on this plot they could plant whatever flowers they pleased
pe această parcelă puteau planta orice flori le plăcea
one princess arranged her flower bed in the form of a whale
o prințesă și-a aranjat patul de flori sub forma unei balene
one princess arranged her flowers like a little mermaid
o prințesă și-a aranjat florile ca pe o mică sirenă
and the youngest child made her garden round, like the sun
iar copilul cel mic și-a făcut grădina rotundă, ca soarele
and in her garden grew beautiful red flowers
iar în grădina ei creșteau flori roșii frumoase
these flowers were as red as the rays of the sunset
aceste flori erau roșii ca razele apusului

She was a strange child; quiet and thoughtful
Era un copil ciudat; liniștit și gânditor
her sisters showed delight at the wonderful things
surorile ei erau încântate de lucrurile minunate
the things they obtained from the wrecks of vessels
lucrurile pe care le-au obținut din epavele vaselor
but she cared only for her pretty red flowers
dar nu ținea decât de florile ei drăguțe roșii
although there was also a beautiful marble statue
deși era și o frumoasă statuie de marmură
the statue was the representation of a handsome boy
statuia era reprezentarea unui băiat frumos
the boy had been carved out of pure white stone
băiatul fusese sculptat din piatră albă pură
and the statue had fallen to the bottom of the sea from a wreck
iar statuia căzuse pe fundul mării dintr-o epavă
for this marble statue of a boy she cared about too
pentru această statuie de marmură a unui băiat la care ținea și ea

She planted, by the statue, a rose-colored weeping willow

Ea a plantat, lângă statuie, o salcie plângătoare de culoarea trandafirii
and soon the weeping willow hung its fresh branches over the statue
iar în curând salcia plângătoare îşi atârnă ramurile proaspete peste statuie
the branches almost reached down to the blue sands
ramurile aproape ajungeau până la nisipurile albastre
The shadows of the tree had the color of violet
Umbrele copacului aveau culoarea violetului
and the shadows waved to and fro like the branches
iar umbrele fluturau încoace şi încolo ca ramurile
all of this created the most interesting illusion
toate acestea au creat cea mai interesantă iluzie
it was as if the crown of the tree and the roots were playing
parcă se jucau coroana copacului şi rădăcinile
it looked as if they were trying to kiss each other
părea de parcă încercau să se sărute

her greatest pleasure was hearing about the world above
cea mai mare plăcere a ei era să audă despre lumea de sus
the world above the deep sea she lived in
lumea de deasupra mării adânci în care trăia
She made her old grandmother tell her all about the upper world
A făcut-o pe bătrâna ei bunica să-i spună totul despre lumea superioară
the ships and the towns, the people and the animals
corăbiile şi oraşele, oamenii şi animalele
up there the flowers of the land had fragrance
acolo sus florile pământului aveau parfum
the flowers below the sea had no fragrance
florile de sub mare nu aveau parfum
up there the trees of the forest were green
acolo sus copacii pădurii erau verzi
and the fishes in the trees could sing beautifully

iar peștii din copaci puteau să cânte frumos
up there it was a pleasure to listen to the fish
acolo sus era o plăcere să ascult peștii
her grandmother called the birds fishes
bunica ei a numit păsările pești
else the little mermaid would not have understood
altfel mica sirenă nu ar fi înțeles
because the little mermaid had never seen birds
pentru că mica sirenă nu văzuse niciodată păsări

her grandmother told her about the rites of mermaids
bunica ei i-a povestit despre riturile sirenelor
"one day you will reach your fifteenth year"
„Într-o zi vei împlini al cincisprezecelea an"
"then you will have permission to go to the surface"
"atunci vei avea permisiunea sa iesi la suprafata"
"you will be able to sit on the rocks in the moonlight"
„Veți putea sta pe stânci în lumina lunii"
"and you will see the great ships go sailing by"
„și vei vedea marile corăbii trecând pe lângă ei"
"Then you will see forests and towns and the people"
„Atunci vei vedea păduri, orașe și oameni"

the following year one of the sisters was going to be fifteen
în anul următor, una dintre surori avea să împlinească cincisprezece ani
but each sister was a year younger than the other
dar fiecare soră era cu un an mai mică decât cealaltă
the youngest sister was going to have to wait five years before her turn
sora cea mai mică avea să aștepte cinci ani înainte de rândul ei
only then could she rise up from the bottom of the ocean
numai atunci se putea ridica din fundul oceanului
and only then could she see the earth as we do
și abia atunci a putut vedea pământul așa cum vedem noi
However, each of the sisters made each other a promise

Cu toate acestea, fiecare dintre surori și-a făcut o promisiune reciprocă
they were going to tell the others what they had seen
urmau să spună celorlalți ce văzuseră
Their grandmother could not tell them enough
Bunica lor nu le-a putut spune destul
there were so many things they wanted to know about
erau atât de multe lucruri despre care doreau să știe

the youngest sister longed for her turn the most
sora cea mai mică tânjea cel mai mult după rândul ei
but, she had to wait longer than all the others
dar, a trebuit să aștepte mai mult decât toți ceilalți
and she was so quiet and thoughtful about the world
și era atât de tăcută și gânditoare la lume
there were many nights where she stood by the open window
au fost multe nopți în care stătea lângă fereastra deschisă
and she looked up through the dark blue water
iar ea ridică privirea prin apa albastru închis
and she watched the fish as they splashed with their fins
iar ea privea peștii în timp ce stropiu cu aripioarele
She could see the moon and stars shining faintly
Putea vedea luna și stelele strălucind slab
but from deep below the water these things look different
dar din adâncul apei aceste lucruri arată diferit
the moon and stars looked larger than they do to our eyes
luna și stelele păreau mai mari decât în ochii noștri
sometimes, something like a black cloud went past
uneori trecea ceva ca un nor negru
she knew that it could be a whale swimming over her head
știa că ar putea fi o balenă care înot deasupra capului ei
or it could be a ship, full of human beings
sau ar putea fi o navă, plină de ființe umane
human beings who couldn't imagine what was under them
ființe umane care nu-și puteau imagina ce era sub ei

a pretty little mermaid holding out her white hands
o sirenă drăguță întinzându-și mâinile albe
a pretty little mermaid reaching towards their ship
o sirenă drăguță care se întinde spre nava lor

The Little Mermaid's Sisters
Surorile Micii Sirene

The day came when the eldest mermaid had her fifteenth birthday
A venit ziua în care cea mai mare sirenă a împlinit cincisprezece ani
now she was allowed to rise to the surface of the ocean
acum i s-a permis să se ridice la suprafața oceanului
and that night she swum up to the surface
iar în noaptea aceea a înotat la suprafață
you can imagine all the things she saw up there
vă puteți imagina toate lucrurile pe care le-a văzut acolo sus
and you can imagine all the things she had to talk about
și vă puteți imagina toate lucrurile despre care trebuia să vorbească
But the finest thing, she said, was to lie on a sand bank
Dar cel mai bun lucru, a spus ea, a fost să se întindă pe un mal de nisip
in the quiet moonlit sea, near the shore
in marea linistita luminata de luna, langa tarm
from there she had gazed at the lights on the land
de acolo se uitase la luminile de pe pământ
they were the lights of the near-by town
erau luminile orașului din apropiere
the lights had twinkled like hundreds of stars
luminile sclipiseră ca sute de stele
she had listened to the sounds of music from the town
ea ascultase sunetele muzicii din oraș
she had heard noise of carriages drawn by their horses
auzise zgomot de trăsuri trase de caii lor
and she had heard the voices of human beings
iar ea auzise vocile oamenilor
and the had heard merry pealing of the bells
iar cei doi auziseră bătăi vesele de clopote
the bells ringing in the church steeples

clopotele sunând în turlele bisericii
but she could not go near all these wonderful things
dar nu se putea apropia de toate aceste lucruri minunate
so she longed for these wonderful things all the more
așa că tânjea cu atât mai mult după aceste lucruri minunate

you can imagine how eagerly the youngest sister listened
vă puteți imagina cu câtă nerăbdare asculta sora cea mai mică
the descriptions of the upper world were like a dream
descrierile lumii superioare erau ca un vis
afterwards she stood at the open window of her room
după aceea stătea la fereastra deschisă a camerei ei
and she looked to the surface, through the dark-blue water
iar ea se uită la suprafață, prin apa albastru închis
she thought of the great city her sister had told her of
se gândi la marele oraș despre care i-a povestit sora ei
the great city with all its bustle and noise
marele oraș cu toată forfota și zgomotul lui
she even fancied she could hear the sound of the bells
chiar îi venea să audă sunetul clopotelor
she imagined the sound of the bells carried to the depths of the sea
și-a imaginat sunetul clopotelor duse în adâncurile mării

after another year the second sister had her birthday
după încă un an a doua soră a împlinit ziua ei
she too received permission to swim up to the surface
a primit și ea permisiunea de a înota la suprafață
and from there she could swim about where she pleased
iar de acolo putea să înoate unde dorea
She had gone to the surface just as the sun was setting
Ea ieșise la suprafață exact când soarele apunea
this, she said, was the most beautiful sight of all
aceasta, a spus ea, a fost cea mai frumoasă priveliște dintre toate
The whole sky looked like a disk of pure gold

Întregul cer arăta ca un disc de aur pur
and there were violet and rose-colored clouds
și erau nori violet și trandafiri
they were too beautiful to describe, she said
erau prea frumoase pentru a fi descrise, spuse ea
and she said how the clouds drifted across the sky
și ea a spus cum norii au plutit pe cer
and something had flown by more swiftly than the clouds
și ceva zburase mai repede decât norii
a large flock of wild swans flew toward the setting sun
un stol mare de lebede sălbatice zbură spre apusul
the swans had been like a long white veil across the sea
lebedele fuseseră ca un văl alb lung peste mare
She had also tried to swim towards the sun
De asemenea, încercase să înoate spre soare
but some distance away the sun sank into the waves
dar la ceva depărtare, soarele s-a scufundat în valuri
she saw how the rosy tints faded from the clouds
a văzut cum nuanțele trandafirii s-au stins de pe nori
and she saw how the colour had also faded from the sea
și ea a văzut cum și culoarea dispăruse de pe mare

the next year it was the third sister's turn
anul următor a venit rândul celei de-a treia surori
this sister was the most daring of all the sisters
această soră era cea mai îndrăzneață dintre toate surorile
she swam up a broad river that emptied into the sea
a înotat în sus pe un râu lat care se vărsa în mare
On the banks of the river she saw green hills
Pe malurile râului a văzut dealuri verzi
the green hills were covered with beautiful vines
dealurile verzi erau acoperite cu vii frumoase
and on the hills there were forests of trees
iar pe dealuri erau păduri de copaci
and out of the forests palaces and castles poked out
iar din păduri au scos palate și castele

She had heard birds singing in the trees
Auzise păsările cântând în copaci
and she had felt the rays of the sun on her skin
iar ea simțise razele soarelui pe pielea ei
the rays were so strong that she had to dive back
razele erau atât de puternice încât a trebuit să se scufunde înapoi
and she cooled her burning face in the cool water
și ea și-a răcorit fața arzătoare în apa rece
In a narrow creek she found a group of little children
Într-un pârâu îngust, a găsit un grup de copiii mici
they were the first human children she had ever seen
erau primii copii umani pe care îi văzuse vreodată
She wanted to play with the children too
Și ea a vrut să se joace cu copiii
but the children fled from her in a great fright
dar copiii au fugit de ea cu o mare spaimă
and then a little black animal came to the water
și apoi un animal mic negru a venit la apă
it was a dog, but she did not know it was a dog
era un câine, dar ea nu știa că era un câine
because she had never seen a dog before
pentru că nu mai văzuse niciodată un câine
and the dog barked at the mermaid furiously
iar câinele lătră furios la sirenă
she became frightened and rushed back to the open sea
s-a înspăimântat și s-a repezit înapoi în larg
But she said she should never forget the beautiful forest
Dar ea a spus că nu ar trebui să uite niciodată pădurea frumoasă
the green hills and the pretty children
dealurile verzi și copiii drăguți
she found it exceptionally funny how they swam
i s-a părut extraordinar de amuzant cum înotau
because the little human children didn't have tails
pentru că micii copii umani nu aveau cozi

so with their little legs they kicked the water
așa că cu picioarele lor mici au dat cu piciorul în apă

The fourth sister was more timid than the last
A patra soră era mai timidă decât ultima
She had decided to stay in the midst of the sea
Ea hotărâse să rămână în mijlocul mării
but she said it was as beautiful there as nearer the land
dar ea a spus că era la fel de frumos acolo, cu cât mai aproape de pământ
from the surface she could see many miles around her
de la suprafață putea vedea multe mile în jurul ei
the sky above her looked like a bell of glass
cerul de deasupra ei arăta ca un clopot de sticlă
and she had seen the ships sail by
iar ea văzuse corăbiile trecând
but the ships were at a very great distance from her
dar corăbiile erau la o distanță foarte mare de ea
and, with their sails, the ships looked like sea gulls
iar, cu pânzele lor, corăbiile arătau ca pescăruși
she saw how the dolphins played in the waves
a văzut cum se jucau delfinii în valuri
and great whales spouted water from their nostrils
iar balenele mari scoteau apă din nări
like a hundred fountains all playing together
ca o sută de fântâni jucându-se toate împreună

The fifth sister's birthday occurred in the winter
Ziua de naștere a celei de-a cincea surori a avut loc iarna
so she saw things that the others had not seen
așa că a văzut lucruri pe care ceilalți nu le văzuseră
at this time of the year the sea looked green
în această perioadă a anului marea părea verde
large icebergs were floating on the green water
aisberguri mari pluteau pe apa verde
and each iceberg looked like a pearl, she said

și fiecare aisberg arăta ca o perlă, a spus ea
but they were larger and loftier than the churches
dar erau mai mari și mai înalți decât bisericile
and they were of the most interesting shapes
și erau din cele mai interesante forme
and each iceberg glittered like diamonds
iar fiecare aisberg strălucea ca diamantele
She had seated herself on one of the icebergs
Se așezase pe unul dintre aisberguri
and she let the wind play with her long hair
iar ea a lăsat vântul să se joace cu părul ei lung
She noticed something interesting about the ships
A observat ceva interesant la nave
all the ships sailed past the icebergs very rapidly
toate navele au navigat pe lângă aisberguri foarte repede
and they steered away as far as they could
și s-au îndepărtat cât au putut
it was as if they were afraid of the iceberg
parcă le era frică de aisberg
she stayed out at sea into the evening
a rămas pe mare până seara
the sun went down and dark clouds covered the sky
soarele a apus și nori întunecați au acoperit cerul
the thunder rolled across the ocean of icebergs
tunetul se rostogoli peste oceanul de aisberguri
and the flashes of lightning glowed red on the icebergs
iar fulgerele străluceau roșii pe aisbergurile
and the icebergs were tossed about by the heaving sea
iar aisbergurile au fost aruncate de marea agitată
the sails of all the ships were trembling with fear
pânzele tuturor corăbiilor tremurau de frică
and the mermaid sat calmly on the floating iceberg
iar sirena stătea calmă pe aisbergul plutitor
and she watched the lightning strike into the sea
iar ea a privit fulgerul lovind în mare

All of her five older sisters had grown up now
Toate cele cinci surori ale ei mai mari crescuseră acum
therefore they could go to the surface when they pleased
prin urmare puteau ieși la suprafață când le plăcea
at first they were delighted with the surface world
la început erau încântați de lumea de suprafață
they couldn't get enough of the new and beautiful sights
nu s-au putut sătura de noile și frumoasele priveliști
but eventually they all grew indifferent towards the upper world
dar în cele din urmă toți au devenit indiferenți față de lumea superioară
and after a month they didn't visit the surface world much at all anymore
și după o lună nu au mai vizitat deloc lumea de suprafață
they told their sister it was much more beautiful at home
i-au spus surorii lor că e mult mai frumos acasă

Yet often, in the evening hours, they did go up
Cu toate acestea, adesea, la orele de seară, au urcat
the five sisters twined their arms round each other
cele cinci surori și-au împletit brațele una în jurul celeilalte
and together, arm in arm, they rose to the surface
și împreună, braț la braț, s-au ridicat la suprafață
often they went up when there was a storm approaching
des urcau când se apropia o furtună
they feared that the storm might win a ship
se temeau că furtuna ar putea câștiga o navă
so they swam to the vessel and sung to the sailors
așa că au înotat până la vas și au cântat marinarilor
Their voices were more charming than that of any human
Vocile lor erau mai fermecătoare decât ale oricărui om
and they begged the voyagers not to fear if they sank
iar ei i-au implorat pe călători să nu se teamă dacă se scufundă
because the depths of the sea was full of delights
pentru că adâncurile mării erau pline de delicii

But the sailors could not understand their songs
Dar marinarii nu-și puteau înțelege cântecele
and they thought their singing was the sighing of the storm
și au crezut că cântarea lor era suspinul furtunii
therefore their songs were never beautiful to the sailors
de aceea cântecele lor nu au fost niciodată frumoase pentru marinari
because if the ship sank the men would drown
pentru că dacă nava s-ar scufunda oamenii s-ar îneca
the dead gained nothing from the palace of the Sea King
morții nu au câștigat nimic din palatul Regelui Mării
but their youngest sister was left at the bottom of the sea
dar sora lor cea mai mică a rămas pe fundul mării
looking up at them, she was ready to cry
privind în sus la ei, era gata să plângă
you should know mermaids have no tears that they can cry
Ar trebui să știi că sirenele nu au lacrimi ca să poată plânge
so her pain and suffering was more acute than ours
așa că durerea și suferința ei erau mai acute decât ale noastre
"Oh, I wish I was also fifteen years old!" said she
— O, aș vrea să fiu și eu cincisprezece ani! spuse ea
"I know that I shall love the world up there"
„Știu că voi iubi lumea de acolo sus"
"and I shall love all the people who live in that world"
„și îi voi iubi pe toți oamenii care trăiesc în acea lume"

The Little Mermaid's Birthday
Ziua de naștere a Micii Sirene

but, at last, she too reached her fifteenth birthday
dar, în sfârșit, și ea a ajuns la cea de-a cincisprezecea aniversare
"Well, now you are grown up," said her grandmother
„Ei bine, acum ești mare", a spus bunica ei
"Come, and let me adorn you like your sisters"
„Vino și lasă-mă să te împodobesc ca pe surorile tale"
And she placed a wreath of white lilies in her hair
Și și-a pus în păr o coroană de crini albi
every petal of the lilies was half a pearl
fiecare petală de crini era o jumătate de perlă
Then, the old lady ordered eight great oysters to come
Apoi, bătrâna a ordonat să vină opt stridii grozave
the oysters attached themselves to the tail of the princess
stridiile s-au atașat de coada prințesei
under the sea oysters are used to show your rank
sub mare stridiile sunt folosite pentru a-ți arăta rangul
"But the oysters hurt me so," said the little mermaid
„Dar stridiile m-au rănit atât de mult", a spus mica sirenă
"Yes, I know oysters hurt," replied the old lady
„Da, știu că stridiile doare", a răspuns bătrâna
"but you know very well that pride must suffer pain"
„dar știi foarte bine că mândria trebuie să sufere durere"
how gladly she would have shaken off all this grandeur
cât de bucuroasă s-ar fi scuturat de toată măreția asta
she would have loved to lay aside the heavy wreath!
i-ar fi plăcut să lase deoparte coroana grea!
she thought of the red flowers in her own garden
se gândi la florile roșii din propria ei grădină
the red flowers would have suited her much better
florile roșii i-ar fi potrivit mult mai bine
But she could not change herself into something else
Dar nu se putea schimba în altceva

so she said farewell to her grandmother and sisters
așa că și-a luat rămas bun de la bunica și surorile ei
and, as lightly as a bubble, she rose to the surface
și, ușor ca un balon, ea se ridică la suprafață

The sun had just set when she raised her head above the waves
Soarele tocmai apusese când ea și-a ridicat capul deasupra valurilor
The clouds were tinted with crimson and gold from the sunset
Norii erau colorați cu purpuriu și auriu de la apusul soarelui
and through the glimmering twilight beamed the evening star
iar prin amurgul strălucitor strălucea steaua serii
The sea was calm, and the sea air was mild and fresh
Marea era calmă, iar aerul mării era blând și proaspăt
A large ship with three masts lay lay calmly on the water
O navă mare cu trei catarge zăcea liniștită pe apă
only one sail was set, for not a breeze stirred
era pusă o singură velă, căci nicio adiere nu se agita
and the sailors sat idle on deck, or amidst the rigging
iar marinarii stăteau inactiv pe punte sau în mijlocul tachelarului
There was music and songs on board of the ship
La bordul navei era muzică și cântece
as darkness came a hundred colored lanterns were lighted
pe măsură ce venea întunericul s-au aprins o sută de felinare colorate
it was as if the flags of all nations waved in the air
parcă steagurile tuturor națiunilor fluturau în aer

The little mermaid swam close to the cabin windows
Mica sirenă a înotat aproape de ferestrele cabinei
now and then the waves of the sea lifted her up
din când în când valurile mării o ridicau

she could look in through the glass window-panes
putea privi înăuntru prin geamurile de sticlă
and she could see a number of curiously dressed people
și putea vedea un număr de oameni îmbrăcați curios
Among the people she could see there was a young prince
Printre oamenii pe care i-a putut vedea era un tânăr prinț
the prince was the most beautiful of them all
prințul era cel mai frumos dintre toți
she had never seen anyone with such beautiful eyes
nu văzuse niciodată pe nimeni cu ochi atât de frumoși
it was the celebration of his sixteenth birthday
era sărbătorirea a șaisprezecea aniversare
The sailors were dancing on the deck of the ship
Marinarii dansau pe puntea vasului
all cheered when the prince came out of the cabin
toți s-au bucurat când prințul a ieșit din cabană
and more than a hundred rockets rose into the air
și mai mult de o sută de rachete s-au ridicat în aer
for some time the fireworks made the sky as bright as day
de ceva vreme artificiile au făcut cerul strălucitor ca ziua
of course our young mermaid had never seen fireworks before
desigur, tânăra noastră sirenă nu mai văzuse niciodată focuri de artificii
startled by all the noise, she went back under the water
surprinsă de tot zgomotul, se întoarse sub apă
but soon she again stretched out her head
dar în curând își întinse din nou capul
it was as if all the stars of heaven were falling around her
parcă toate stelele cerului cădeau în jurul ei
splendid fireflies flew up into the blue air
licuricii splendidi zburau în aerul albastru
and everything was reflected in the clear, calm sea
și totul se reflecta în marea limpede și calmă
The ship itself was brightly illuminated by all the light
Nava însăși era puternic luminată de toată lumina

she could see all the people and even the smallest rope
putea vedea toți oamenii și chiar și cea mai mică frânghie
How handsome the young prince looked thanking his guests!
Ce frumos arăta tânărul prinț mulțumindu-și oaspeții!
and the music resounded through the clear night air!
iar muzica răsuna prin aerul limpede al nopții!

the birthday celebrations lasted late into the night
sărbătorile de naștere au durat până târziu în noapte
but the little mermaid could not take her eyes from the ship
dar mica sirenă nu și-a putut lua ochii de la corabie
nor could she take her eyes from the beautiful prince
nici nu-și putea lua ochii de la frumosul prinț
The colored lanterns had now been extinguished
Lampioanele colorate fuseseră acum stinse
and there were no more rockets that rose into the air
și nu mai existau rachete care se ridicau în aer
the cannon of the ship had also ceased firing
tunul navei încetase și el să tragă
but now it was the sea that became restless
dar acum marea a devenit neliniștită
a moaning, grumbling sound could be heard beneath the waves
sub valuri se auzea un geamăt, mormăit
and yet, the little mermaid remained by the cabin window
și totuși, mica sirenă a rămas lângă fereastra cabinei
she was rocking up and down on the water
se legăna în sus și în jos pe apă
so that she could keep looking into the ship
ca să poată continua să privească în navă
After a while the sails were quickly set
După un timp, pânzele au fost puse repede
and the ship went on her way back to port
iar nava s-a întors în port

But soon the waves rose higher and higher
Dar în curând valurile s-au ridicat din ce în ce mai sus
dark, heavy clouds darkened the night sky
nori întunecați și grei întunecau cerul nopții
and there appeared flashes of lightning in the distance
și au apărut fulgere în depărtare
not far away a dreadful storm was approaching
nu departe se apropia o furtună înspăimântătoare
Once more the sails were lowered against the wind
Încă o dată pânzele au fost coborâte împotriva vântului
and the great ship pursued her course over the raging sea
iar marea corabie și-a urmat cursul peste marea furioasă
The waves rose as high as the mountains
Valurile se ridicau la fel de sus ca munții
one would have thought the waves were going to have the ship
s-ar fi crezut că valurile vor avea nava
but the ship dived like a swan between the waves
dar corabia s-a scufundat ca o lebădă între valuri
then she rose again on their lofty, foaming crests
apoi s-a ridicat din nou pe crestele lor înalte, înspumate
To the little mermaid this was pleasant to watch
Pentru mica sirenă acest lucru a fost plăcut de urmărit
but it was not pleasant for the sailors
dar nu era plăcut pentru marinari
the ship made awful groaning and creaking sounds
nava scotea sunete îngrozitoare de gemete și scârțâit
and the waves broke over the deck of the ship again and again
iar valurile se spărgeau peste puntea navei iar și iar
the thick planks gave way under the lashing of the sea
scândurile groase cedau sub bătaia mării
under the pressure the mainmast snapped asunder, like a reed
sub presiune, catargul principal s-a rupt, ca o trestie
and, as the ship lay over on her side, the water rushed in

și, în timp ce nava zăcea pe o parte, apa s-a repezit înăuntru

The little mermaid realized that the crew were in danger
Mica sirenă și-a dat seama că echipajul era în pericol
her own situation wasn't without danger either
nici propria ei situație nu era lipsită de pericole
she had to avoid the beams and planks scattered in the water
trebuia să evite grinzile și scândurile împrăștiate în apă
for a moment everything turned into complete darkness
pentru o clipă totul s-a transformat în întuneric complet
and the little mermaid could not see where she was
iar mica sirenă nu putea vedea unde era
but then a flash of lightning revealed the whole scene
dar apoi un fulger a scos la iveală întreaga scenă
she could see everyone was still on board of the ship
vedea că toată lumea era încă la bordul navei
well, everyone was on board of the ship, except the prince
ei bine, toți erau la bordul navei, cu excepția prințului
the ship continued on its path to the land
nava și-a continuat drumul spre uscat
and she saw the prince sink into the deep waves
și ea îl văzu pe prinț scufundându-se în valurile adânci
for a moment this made her happier than it should have
pentru o clipă asta a făcut-o mai fericită decât ar fi trebuit
now that he was in the sea she could be with him
acum că era în mare ea putea fi cu el
Then she remembered the limits of human beings
Apoi și-a amintit limitele ființelor umane
the people of the land cannot live in the water
oamenii pământului nu pot trăi în apă
if he got to the palace he would already be dead
dacă ar ajunge la palat ar fi deja mort
"No, he must not die!" she decided
— Nu, nu trebuie să moară! hotărî ea
she forget any concern for her own safety
ea uită orice grijă pentru propria ei siguranță

and she swam through the beams and planks
iar ea a înotat printre grinzi și scânduri
two beams could easily crush her to pieces
două grinzi o puteau zdrobi cu ușurință în bucăți
she dove deep under the dark waters
ea se scufunda adânc sub apele întunecate
everything rose and fell with the waves
totul s-a ridicat și a căzut odată cu valurile
finally, she managed to reach the young prince
în cele din urmă, a reușit să ajungă la tânărul prinț
he was fast losing the power to swim in the stormy sea
își pierdea rapid puterea de a înota în marea furtunoasă
His limbs were starting to fail him
Membrele începeau să-l cedeze
and his beautiful eyes were closed
iar ochii lui frumoși erau închiși
he would have died had the little mermaid not come
ar fi murit dacă nu ar fi venit mica sirenă
She held his head above the water
Ea îi ținea capul deasupra apei
and she let the waves carry them where they wanted
iar ea a lăsat valurile să-i ducă acolo unde voiau

In the morning the storm had ceased
Dimineața, furtuna încetase
but of the ship not a single fragment could be seen
dar din navă nu se vedea nici măcar un fragment
The sun came up, red and shining, out of the water
Soarele a răsărit, roșu și strălucitor, din apă
the sun's beams had a healing effect on the prince
razele soarelui aveau un efect vindecător asupra prințului
the hue of health returned to the prince's cheeks
nuanța sănătății a revenit pe obrajii prințului
but despite the sun, his eyes remained closed
dar în ciuda soarelui, ochii lui au rămas închiși
The mermaid kissed his high, smooth forehead

Sirena îi sărută fruntea înaltă și netedă
and she stroked back his wet hair
iar ea îi mângâie pe spate părul ud
He seemed to her like the marble statue in her garden
I s-a părut statuia de marmură din grădina ei
so she kissed him again, and wished that he lived
așa că l-a sărutat din nou și și-a dorit să trăiască

Presently, they came in sight of land
În prezent, au venit în vederea pământului
and she saw lofty blue mountains on the horizon
și ea a văzut munți albaștri înalți la orizont
on top of the mountains the white snow rested
în vârful munților se odihnea zăpada albă
as if a flock of swans were lying upon the mountains
de parcă un stol de lebede s-ar întinde pe munți
Beautiful green forests were near the shore
Păduri frumoase și verzi erau lângă țărm
and close by there stood a large building
iar în apropiere stătea o clădire mare
it could have been a church or a convent
ar fi putut fi o biserică sau o mănăstire
but she was still too far away to be sure
dar era încă prea departe pentru a fi sigură
Orange and citron trees grew in the garden
În grădină creșteau portocali și cedri
and before the door stood lofty palms
iar înaintea ușii stăteau palme înalte
The sea here formed a little bay
Marea a format aici un mic golf
in the bay the water lay quiet and still
în golf apa zăcea liniștită și nemișcată
but although the water was still, it was very deep
dar desi apa era linistita, era foarte adanca
She swam with the handsome prince to the beach
Ea a înotat cu chipeșul prinț la plajă

the beach was covered with fine white sand
plaja era acoperită cu nisip fin alb
and on the sand she laid him in the warm sunshine
iar pe nisip îl întinse în soarele cald
she took care to raise his head higher than his body
a avut grijă să-i ridice capul mai sus decât corpul
Then bells sounded from the large white building
Apoi au sunat clopotele din clădirea mare albă
some young girls came into the garden
nişte fete tinere au venit în grădină
The little mermaid swam out farther from the shore
Mica sirenă a înotat mai departe de ţărm
she hid herself among some high rocks in the water
s-a ascuns printre nişte stânci înalte din apă
she covered her head and neck with the foam of the sea
şi-a acoperit capul şi gâtul cu spuma mării
and she watched to see what would become of the poor prince
iar ea se uita să vadă ce va fi cu bietul prinţ

It was not long before she saw a young girl approach
Nu a trecut mult până când a văzut o fată tânără apropiindu-se
the young girl seemed frightened, at first
tânăra fată părea speriată, la început
but her fear only lasted for a moment
dar frica ei nu a durat decât o clipă
then she brought over a number of people
apoi a adus un număr de oameni
and the mermaid saw that the prince came to life again
iar sirena a văzut că prinţul a prins din nou viaţă
he smiled upon those who stood around him
le-a zâmbit celor care stăteau în preajma lui
But to the little mermaid the prince sent no smile
Dar prinţul nu i-a zâmbit micii sirene
he knew not that it was her who had saved him

nu știa că ea era cea care îl salvase
This made the little mermaid very sorrowful
Acest lucru a făcut-o pe mica sirenă foarte întristată
and then he was led away into the great building
apoi a fost dus în clădirea mare
and the little mermaid dived down into the water
iar mica sirenă s-a scufundat în apă
and she returned to her father's castle
iar ea s-a întors la castelul tatălui ei

The Little Mermaid Longs for the Upper World
Mica Sirenă tânjește după Lumea de Sus

She had always been the most silent and thoughtful of the sisters
Fusese întotdeauna cea mai tăcută și grijulie dintre surori
and now she was more silent and thoughtful than ever
iar acum era mai tăcută și mai gânditoare ca niciodată
Her sisters asked her what she had seen on her first visit
Surorile ei au întrebat-o ce a văzut la prima ei vizită
but she could tell them nothing of what she had seen
dar nu le putea spune nimic din ceea ce văzuse
Many an evening and morning she returned to the surface
De multe seară și dimineață a revenit la suprafață
and she went to the place where she had left the prince
iar ea s-a dus la locul unde îl lăsase pe prinț
She saw the fruits in the garden ripen
Ea a văzut fructele din grădină cocându-se
and she watched the fruits gathered from their trees
iar ea privea fructele culese din pomii lor
she watched the snow on the mountain tops melt away
ea a privit cum se topea zăpada de pe vârfurile munților
but on none of her visits did she see the prince again
dar la nici una dintre vizitele ei nu l-a mai văzut pe prinț
and therefore she always returned more sorrowful than when she left
și de aceea se întorcea mereu mai mâhnită decât când pleca

her only comfort was sitting in her own little garden
singurul ei confort era să stea în propria ei grădiniță
she flung her arms around the beautiful marble statue
își aruncă brațele în jurul frumoasei statui de marmură
the statue which looked just like the prince
statuia care semăna exact cu prințul
She had given up tending to her flowers
Renunțase să-și îngrijească florile

and her garden grew in wild confusion
iar grădina ei a crescut într-o confuzie sălbatică
they twinied the long leaves and stems of the flowers around the trees
împleteau frunzele și tulpinile lungi ale florilor în jurul copacilor
so that the whole garden became dark and gloomy
încât toată grădina a devenit întunecată și mohorâtă

eventually she could bear the pain no longer
în cele din urmă nu mai suporta durerea
and she told one of her sisters all that had happened
iar ea a povestit uneia dintre surorile ei tot ce se întâmplase
soon the other sisters heard the secret
în curând celelalte surori au auzit secretul
and very soon her secret became known to several maids
și foarte curând secretul ei a devenit cunoscut mai multor servitoare
one of the maids had a friend who knew about the prince
una dintre slujnice avea un prieten care știa despre prinț
She had also seen the festival on board the ship
Văzuse și festivalul la bordul navei
and she told them where the prince came from
iar ea le-a spus de unde a venit prințul
and she told them where his palace stood
iar ea le-a spus unde se afla palatul lui

"Come, little sister," said the other princesses
„Vino, surioară", au spus celelalte prințese
they entwined their arms and rose up together
și-au împletit brațele și s-au ridicat împreună
they went near to where the prince's palace stood
s-au apropiat de locul unde se afla palatul prințului
the palace was built of bright-yellow, shining stone
palatul a fost construit din piatră strălucitoare, galben-aprins
and the palace had long flights of marble steps

iar palatul avea scări lungi de trepte de marmură
one of the flights of steps reached down to the sea
unul dintre treptele ajungea până la mare
Splendid gilded cupolas rose over the roof
Splendide cupole aurite se ridicau peste acoperiș
the whole building was surrounded by pillars
întreaga clădire era înconjurată de stâlpi
and between the pillars stood lifelike statues of marble
iar între stâlpi stăteau statui reale de marmură
they could see through the clear crystal of the windows
puteau vedea prin cristalul limpede al ferestrelor
and they could look into the noble rooms
și puteau privi în camerele nobile
costly silk curtains and tapestries hung from the ceiling
de tavan atârnau perdele de mătase scumpe și tapiserii
and the walls were covered with beautiful paintings
iar pereții erau acoperiți cu tablouri frumoase
In the centre of the largest salon was a fountain
În centrul celui mai mare salon era o fântână
the fountain threw its sparkling jets high up
fântâna și-a aruncat jeturile strălucitoare sus
the water splashed onto the glass cupola of the ceiling
apa a stropit pe cupola de sticlă a tavanului
and the sun shone in through the water
iar soarele strălucea prin apă
and the water splashed on the plants around the fountain
iar apa stropi plantele din jurul fântânii

Now the little mermaid knew where the prince lived
Acum, mica sirenă știa unde locuiește prințul
so she spent many a night in those waters
așa că a petrecut multe nopți în acele ape
she got more courageous than her sisters had been
a devenit mai curajoasă decât fuseseră surorile ei
and she swam much nearer the shore than they had
iar ea a înotat mult mai aproape de mal decât făcuseră ei

once she went up the narrow channel, under the marble balcony
odată a urcat pe canalul îngust, sub balconul de marmură
the balcony threw a broad shadow on the water
balconul arunca o umbră largă asupra apei
Here she sat and watched the young prince
Aici stătea și îl privea pe tânărul prinț
he, of course, thought he was alone in the bright moonlight
el, desigur, credea că era singur în lumina strălucitoare a lunii

She often saw him in the evenings, sailing in a beautiful boat
Îl vedea adesea seara, navigând într-o barcă frumoasă
music sounded from the boat and the flags waved
din barcă se auzi muzică și steaguri fluturau
She peeped out from among the green rushes
Ea s-a uitat din mijlocul papurilor verzi
at times the wind caught her long silvery-white veil
uneori vântul îi prindea vălul lung, alb-argintiu
those who saw her veil believed it to be a swan
cei care i-au văzut vălul credeau că este o lebădă
her veil had all the appearance of a swan spreading its wings
voalul ei avea tot aspectul unei lebede întinzându-și aripile

Many a night, too, she watched the fishermen set their nets
Și de multe nopți se uita la pescari care își întindeau mrejele
they cast their nets in the light of their torches
și-au aruncat mrejele în lumina făcliilor lor
and she heard them tell many good things about the prince
și i-a auzit spunând multe lucruri bune despre prinț
this made her glad that she had saved his life
asta o făcea bucuroasă că i-a salvat viața
when he was tossed around half dead on the waves
când a fost aruncat pe valuri pe jumătate mort
She remembered how his head had rested on her bosom
Își aminti cum capul lui se sprijinise pe sânul ei

and she remembered how heartily she had kissed him
și își aminti cât de din suflet îl sărutase
but he knew nothing of all that had happened
dar nu știa nimic din tot ce se întâmplase
the young prince could not even dream of the little mermaid
tânărul prinț nici măcar nu putea visa la mica sirenă

She grew to like human beings more and more
Ea a devenit să-i placă tot mai mult ființele umane
she wished more and more to be able to wander their world
își dorea din ce în ce mai mult să poată rătăci lumea lor
their world seemed to be so much larger than her own
lumea lor părea să fie mult mai mare decât a ei
They could fly over the sea in ships
Puteau zbura deasupra mării cu nave
and they could mount the high hills far above the clouds
și puteau urca pe dealurile înalte mult deasupra norilor
in their lands they possessed woods and fields
pe pământurile lor stăpâneau păduri și câmpuri
the greenery stretched beyond the reach of her sight
verdeața se întindea dincolo de raza ei de vedere
There was so much that she wished to know!
Erau atâtea lucruri pe care și-ar fi dorit să știe!
but her sisters were unable to answer all her questions
dar surorile ei nu au putut să-i răspundă la toate întrebările
She then went to her old grandmother for answers
Apoi s-a dus la bătrâna ei bunica pentru răspunsuri
her grandmother knew all about the upper world
bunica ei știa totul despre lumea superioară
she rightly called this world "the lands above the sea"
pe bună dreptate a numit această lume „pământurile de deasupra mării"

"If human beings are not drowned, can they live forever?"
„Dacă ființele umane nu sunt înecate, pot trăi pentru totdeauna?"

"Do they never die, as we do here in the sea?"
„Nu mor niciodată, așa cum facem noi aici, în mare?"
"Yes, they die too," replied the old lady
„Da, mor și ei", a răspuns bătrâna
"like us, they must also die," added her grandmother
„ca și noi, trebuie să moară și ei", a adăugat bunica ei
"and their lives are even shorter than ours"
„și viața lor este chiar mai scurtă decât a noastră"
"We sometimes live for three hundred years"
„Uneori trăim trei sute de ani"
"but when we cease to exist here we become foam"
„dar când încetăm să mai existăm aici devenim spumă"
"and we float on the surface of the water"
„și plutim pe suprafața apei"
"we do not have graves for those we love"
„Nu avem morminte pentru cei pe care îi iubim"
"and we have not immortal souls"
„și nu avem suflete nemuritoare"
"after we die we shall never live again"
„După ce murim, nu vom mai trăi niciodată"
"like the green seaweed, once it has been cut off"
„ca alga verde, odată ce a fost tăiată"
"after we die, we can never flourish again"
„După ce murim, nu vom mai putea înflori niciodată"
"Human beings, on the contrary, have souls"
„Ființele umane, dimpotrivă, au suflet"
"even after they're dead their souls live forever"
„Chiar și după ce sunt morți sufletele lor trăiesc pentru totdeauna"
"when we die our bodies turn to foam"
„Când murim, trupurile noastre se transformă în spumă"
"when they die their bodies turn to dust"
„Când mor, trupurile lor se transformă în praf"
"when we die we rise through the clear, blue water"
„Când murim, ne ridicăm prin apa limpede și albastră"
"when they die they rise up through the clear, pure air"

„Când mor, se ridică prin aerul limpede și pur"
"when we die we float no further than the surface"
„Când murim, nu plutim mai departe de suprafață"
"but when they die they go beyond the glittering stars"
„dar când mor, trec dincolo de stelele strălucitoare"
"we rise out of the water to the surface"
„Ne ridicăm din apă la suprafață"
"and we behold all the land of the earth"
„și privim toată țara pământului"
"they rise to unknown and glorious regions"
„se ridică în regiuni necunoscute și glorioase"
"glorious and unknown regions which we shall never see"
„regiuni glorioase și necunoscute pe care nu le vom vedea niciodată"
the little mermaid mourned her lack of a soul
micuța sirenă își plângea lipsa de suflet
"Why have not we immortal souls?" asked the little mermaid
„De ce nu avem noi suflete nemuritoare?" întrebă mica sirenă
"I would gladly give all the hundreds of years that I have"
„Aș oferi bucuros toate sutele de ani pe care îi am"
"I would trade it all to be a human being for one day"
„Aș schimba totul pentru a fi o ființă umană pentru o zi"
"I can not imagine the hope of knowing such happiness"
„Nu îmi pot imagina speranța de a cunoaște o asemenea fericire"
"the happiness of that glorious world above the stars"
„fericirea acelei lumi glorioase deasupra stelelor"
"You must not think that way," said the old woman
„Nu trebuie să gândiți așa", spuse bătrâna
"We believe that we are much happier than the humans"
„Credem că suntem mult mai fericiți decât oamenii"
"and we believe we are much better off than human beings"
„și credem că suntem mult mai bine decât ființele umane"

"So I shall die," said the little mermaid
„Așa că voi muri", a spus mica sirenă

"being the foam of the sea, I shall be washed about"
„fiind spuma mării, voi fi spălat"
"never again will I hear the music of the waves"
„Nu voi mai auzi niciodată muzica valurilor"
"never again will I see the pretty flowers"
„Nu voi mai vedea niciodată florile frumoase"
"nor will I ever again see the red sun"
„Nici nu voi mai vedea vreodată soarele roșu"
"Is there anything I can do to win an immortal soul?"
„Pot să fac ceva pentru a câștiga un suflet nemuritor?"
"No," said the old woman, "unless..."
— Nu, spuse bătrâna, dacă nu...
"there is just one way to gain a soul"
„Există o singură modalitate de a câștiga un suflet"
"a man has to love you more than he loves his father and mother"
„Un bărbat trebuie să te iubească mai mult decât își iubește tatăl și mama"
"all his thoughts and love must be fixed upon you"
„Toate gândurile și dragostea lui trebuie să fie fixate asupra ta"
"he has to promise to be true to you here and hereafter"
„trebuie să promită că va fi sincer cu tine aici și în viitor"
"the priest has to place his right hand in yours"
„preotul trebuie să-și pună mâna dreaptă în a ta"
"then your man's soul would glide into your body"
„atunci sufletul bărbatului tău ar aluneca în corpul tău"
"you would get a share in the future happiness of mankind"
„ai primi o parte din fericirea viitoare a omenirii"
"He would give to you a soul and retain his own as well"
„El ți-ar da un suflet și ți-ar păstra și pe al său"
"but it is impossible for this to ever happen"
„dar este imposibil ca asta să se întâmple vreodată"
"Your fish's tail, among us, is considered beautiful"
„Coada tău de pește, printre noi, este considerată frumoasă"
"but on earth your fish's tail is considered ugly"

„dar pe pământ coada peștelui tău este considerată urâtă"
"The humans do not know any better"
„Oamenii nu știu mai bine"
"their standard of beauty is having two stout props"
„standardul lor de frumusețe este să aibă două recuzite robuste"
"these two stout props they call their legs"
„aceste două elemente de recuzită robuste pe care le numesc picioare"
The little mermaid sighed at what appeared to be her destiny
Mica sirenă a oftat la ceea ce părea a fi destinul ei
and she looked sorrowfully at her fish's tail
iar ea se uită întristată la coada ei de pește
"Let us be happy with what we have," said the old lady
„Să ne bucurăm de ceea ce avem", a spus bătrâna
"let us dart and spring about for the three hundred years"
„Hai să ne sărănim și să ne răsturnăm timp de trei sute de ani"
"and three hundred years really is quite long enough"
„și trei sute de ani sunt într-adevăr destul de lungi"
"After that we can rest ourselves all the better"
„După aceea ne putem odihni cu atât mai bine"
"This evening we are going to have a court ball"
„În această seară vom avea un bal de teren"

It was one of those splendid sights we can never see on earth
A fost una dintre acele priveliști splendide pe care nu le putem vedea niciodată pe pământ
the court ball took place in a large ballroom
balul de teren a avut loc într-o sală mare de bal
The walls and the ceiling were of thick transparent crystal
Pereții și tavanul erau din cristal gros, transparent
Many hundreds of colossal sea shells stood in rows on each side
Multe sute de scoici colosale stăteau în rânduri de fiecare parte
some of the sea shells were deep red, others were grass green

unele dintre scoici aveau un roșu intens, altele erau verzi iarbă
and each of the sea shells had a blue fire in it
iar fiecare dintre scoici avea un foc albastru în ea
These fires lighted up the whole salon and the dancers
Aceste incendii au luminat tot salonul și dansatorii
and the sea shells shone out through the walls
iar scoicile străluceau prin pereți
so that the sea was also illuminated by their light
încât marea era și ea luminată de lumina lor
Innumerable fishes, great and small, swam past
Nenumărați pești, mari și mici, treceau pe lângă
some of the fishes scales glowed with a purple brilliance
unii dintre solzii de pești străluceau cu o strălucire violetă
and other fishes shone like silver and gold
iar alți pești străluceau ca argintul și aurul
Through the halls flowed a broad stream
Prin holuri curgea un pârâu larg
and in the stream danced the mermen and the mermaids
iar în pârâu dansau sirenele și sirenele
they danced to the music of their own sweet singing
au dansat pe muzica propriei lor cântări dulci

No one on earth has such lovely voices as they
Nimeni pe pământ nu are voci atât de frumoase ca ei
but the little mermaid sang more sweetly than all
dar mica sirenă cânta mai dulce decât toate
The whole court applauded her with hands and tails
Întreaga curte a aplaudat-o cu mâinile și coada
and for a moment her heart felt quite happy
și pentru o clipă inima i se simți destul de fericită
because she knew she had the sweetest voice in the sea
pentru că știa că are cea mai dulce voce din mare
and she knew she had the sweetest voice on land
și știa că are cea mai dulce voce de pe uscat
But soon she thought again of the world above her
Dar curând se gândi din nou la lumea de deasupra ei

she could not forget the charming prince
nu putea să-l uite pe prințul fermecător
it reminded her that he had an immortal soul
îi amintea că avea un suflet nemuritor
and she could not forget that she had no immortal soul
și nu putea uita că nu avea suflet nemuritor
She crept away silently out of her father's palace
S-a strecurat în tăcere din palatul tatălui ei
everything within was full of gladness and song
totul înăuntru era plin de bucurie și cântec
but she sat in her own little garden, sorrowful and alone
dar ea stătea în grădinița ei, îndurerată și singură
Then she heard the bugle sounding through the water
Apoi auzi cârnița răsunând prin apă
and she thought, "He is certainly sailing above"
și ea s-a gândit: „Cu siguranță navighează deasupra"
"he, the beautiful prince, in whom my wishes centre"
„el, frumosul prinț, în care se concentrează dorințele mele"
"he, in whose hands I should like to place my happiness"
„el, în mâinile căruia aș vrea să-mi pun fericirea"
"I will venture all for him to win an immortal soul"
„Voi aventura totul pentru ca el să câștige un suflet nemuritor"
"my sisters are dancing in my father's palace"
"surorile mele dansează în palatul tatălui meu"
"but I will go to the sea witch"
"dar voi merge la vrăjitoarea mării"
"the sea witch of whom I have always been so afraid"
„vrăjitoarea mării de care mi-a fost mereu atât de frică"
"but the sea witch can give me counsel, and help"
„dar vrăjitoarea mării îmi poate da sfaturi și poate ajuta"

The Sea Witch
Vrăjitoarea Mării

Then the little mermaid went out from her garden
Apoi micuța sirenă a ieșit din grădina ei
and she took the path to the foaming whirlpools
iar ea a luat calea spre vârtejurile înspumate
behind the foaming whirlpools the sorceress lived
în spatele vârtejurilor înspumate trăia vrăjitoarea
the little mermaid had never gone that way before
micuța sirenă nu mai mersese niciodată așa
Neither flowers nor grass grew where she was going
Nu creșteau nici flori, nici iarbă acolo unde mergea
there was nothing but bare, gray, sandy ground
nu era altceva decât pământ gol, gri, nisipos
this barren land stretched out to the whirlpool
acest pământ sterp se întindea până la vârtej
the water was like foaming mill wheels
apa era ca niște roți de moară spumă
and the whirlpools seized everything that came within reach
iar vârtejurile au cuprins tot ce era la îndemână
the whirlpools cast their prey into the fathomless deep
vârtejurile își aruncă prada în adâncul neîngăduit
Through these crushing whirlpools she had to pass
Prin aceste vârtejuri zdrobitoare trebuia să treacă
only then could she reach the dominions of the sea witch
abia atunci putea ajunge în stăpâniile vrăjitoarei mării
after this came a stretch of warm, bubbling mire
după aceasta a venit o întindere de mocirlă caldă, clocotită
the sea witch called the bubbling mire her turf moor
vrăjitoarea mării a numit mocirla clocotită mocirla ei

Beyond her turf moor was the witch's house
Dincolo de mlaștina ei, era casa vrăjitoarei
her house stood in the centre of a strange forest
casa ei se afla în mijlocul unei păduri ciudate

in this forest all the trees and flowers were polypi
în această pădure toți copacii și florile erau polipi
but they were only half plant; the other half was animal
dar erau doar jumătate din plantă; cealaltă jumătate era animală
They looked like serpents with a hundred heads
Arătau ca niște șerpi cu o sută de capete
and each serpent was growing out of the ground
și fiecare șarpe creștea din pământ
Their branches were long, slimy arms
Ramurile lor erau niște brațe lungi și lipicioase
and they had fingers like flexible worms
și aveau degete ca niște viermi flexibili
each of their limbs, from the root to the top, moved
fiecare dintre membrele lor, de la rădăcină până în vârf, se mișca
All that could be reached in the sea they seized upon
Tot ceea ce se putea ajunge în marea de care au apucat
and what they caught they held on tightly to
iar ceea ce au prins s-au ținut strâns
so that what they caught never escaped from their clutches
pentru ca ceea ce au prins să nu le scape niciodată din gheare

The little mermaid was alarmed at what she saw
Mica sirenă a fost alarmată de ceea ce a văzut
she stood still and her heart beat with fear
ea rămase nemișcată și inima îi bătea de frică
She came very close to turning back
A fost foarte aproape de a se întoarce
but she thought of the beautiful prince
dar se gândi la frumosul prinț
and she thought of the human soul for which she longed
și se gândea la sufletul uman după care tânjea
with these thoughts her courage returned
cu aceste gânduri i-a revenit curajul
She fastened her long, flowing hair round her head

Și-a prins părul lung și curgător în jurul capului
so that the polypi could not grab hold of her hair
astfel încât polipii să nu se apuce de părul ei
and she crossed her hands across her bosom
și și-a încrucișat mâinile pe sân
and then she darted forward like a fish through the water
și apoi ea s-a repezit înainte ca un pește prin apă
between the subtle arms and fingers of the ugly polypi
între brațele și degetele subtile ale polipilor urâți
the polypi were stretched out on each side of her
polipii erau întinși de fiecare parte a ei
She saw that they all held something in their grasp
Ea a văzut că toți țineau ceva în mâna lor
something they had seized with their numerous little arms
ceva ce îl apucaseră cu numeroasele lor brațe mici
they were holding white skeletons of human beings
țineau în mână schelete albe de ființe umane
sailors who had perished at sea in storms
marinari care pieriseră pe mare în furtuni
sailors who had sunk down into the deep waters
marinari care se scufundaseră în apele adânci
and there were skeletons of land animals
și erau schelete de animale terestre
and there were oars, rudders, and chests of ships
și erau vâsle, cârme și cufere de corăbii
There was even a little mermaid whom they had caught
Era chiar și o mică sirenă pe care o prinseseră
the poor mermaid must have been strangled by the hands
biata sirenă trebuie să fi fost sugrumată de mâini
to her this seemed the most shocking of all
pentru ea asta i s-a părut cel mai șocant dintre toate

finally, she came to a space of marshy ground in the woods
în cele din urmă, a ajuns într-un spațiu de pământ mlăștinos din pădure
here there were large fat water snakes rolling in the mire

aici erau șerpi mari și grăsimi de apă care se rostogoleau în noroi
the snakes showed their ugly, drab-colored bodies
șerpii și-au arătat trupurile urâte, de culoarea mohorâtă
In the midst of this spot stood a house
În mijlocul acestui loc stătea o casă
the house was built of the bones of shipwrecked human beings
casa a fost construită din oasele unor naufragiați
and in the house sat the sea witch
iar în casă stătea vrăjitoarea mării
she was allowing a toad to eat from her mouth
ea permitea unei broaște să mănânce din gură
just like when people feed a canary with pieces of sugar
exact ca atunci când oamenii hrănesc un canar cu bucăți de zahăr
She called the ugly water snakes her little chickens
Ea a numit șerpii de apă urâți puii ei mici
and she allowed her little chickens to crawl all over her
iar ea a lăsat puii ei mici să se târască peste ea

"I know what you want," said the sea witch
„Știu ce vrei", a spus vrăjitoarea mării
"It is very stupid of you to want such a thing"
„Este foarte prost din partea ta să vrei așa ceva"
"but you shall have your way, however stupid it is"
„Dar vei avea drumul tău, oricât de prost ar fi"
"though your wish will bring you to sorrow, my pretty princess"
„deși dorința ta te va întrista, drăguța mea prințesă"
"You want to get rid of your mermaid's tail"
„Vrei să scapi de coada ta de sirenă"
"and you want to have two stumps instead"
"și vrei să ai două butuci în schimb"
"this will make you like the human beings on earth"
„Acest lucru te va face ca ființele umane de pe pământ"

"and then the young prince might fall in love with you"
„și atunci tânărul prinț s-ar putea îndrăgosti de tine"
"and then you might have an immortal soul"
„și atunci s-ar putea să ai un suflet nemuritor"
the witch laughed loud and disgustingly
vrăjitoarea râse tare și dezgustător
the toad and the snakes fell to the ground
broasca și șerpii au căzut la pământ
and they lay there wriggling on the floor
iar ei zăceau acolo zvârcolindu-se pe podea
"You came to me just in time," said the witch
— Ai venit la mine exact la timp, spuse vrăjitoarea
"after sunrise tomorrow it would have been too late"
„Mâine după răsăritul soarelui ar fi fost prea târziu"
"after tomorrow I would not have been able to help you till the end of another year"
„După mâine nu te-aș fi putut ajuta până la sfârșitul unui alt an"
"I will prepare a potion for you"
„Îți voi pregăti o poțiune"
"swim up to the land tomorrow, before sunrise"
„Înot până la pământ mâine, înainte de răsăritul soarelui"
"seat yourself there and drink the potion"
„Așează-te acolo și bea poțiunea"
"after you drink the potion your tail will disappear"
„După ce bei poțiunea coada ta va dispărea"
"and then you will have what men call legs"
„și atunci vei avea ceea ce bărbații numesc picioare"

"all will say you are the prettiest girl in the world"
„Toți vor spune că ești cea mai frumoasă fată din lume"
"but for this you will have to endure great pain"
„dar pentru asta va trebui să înduri dureri mari"
"it will be as if a sword were passing through you"
„va fi ca și cum o sabie ar trece prin tine"
"You will still have the same gracefulness of movement"

„Veți avea în continuare aceeași grație a mișcării"
"it will be as if you are floating over the ground"
„va fi ca și cum ai pluti deasupra pământului"
"and no dancer will ever tread as lightly as you"
„și niciun dansator nu va călca vreodată la fel de ușor ca tine"
"but every step you take will cause you great pain"
„dar fiecare pas pe care îl faci îți va provoca o mare durere"
"it will be as if you were treading upon sharp knives"
„va fi ca și cum ai călca pe cuțite ascuțite"
"If you bear all this suffering, I will help you"
„Dacă suporți toată această suferință, te voi ajuta"
the little mermaid thought of the prince
mica sirenă se gândi la prinț
and she thought of the happiness of an immortal soul
și se gândea la fericirea unui suflet nemuritor
"Yes, I will," said the little princess
— Da, o voi face, spuse micuța prințesă
but, as you can imagine, her voice trembled with fear
dar, după cum vă puteți imagina, vocea ei tremura de frică

"do not rush into this," said the witch
„Nu te grăbi în asta", a spus vrăjitoarea
"once you are shaped like a human, you can never return"
„Odată ce ești în formă de om, nu te poți întoarce niciodată"
"and you will never again take the form of a mermaid"
„și nu vei mai lua niciodată forma unei sirene"
"You will never return through the water to your sisters"
„Nu te vei întoarce niciodată prin apă la surorile tale"
"nor will you ever go to your father's palace again"
„Nici nu vei mai merge niciodată la palatul tatălui tău"
"you will have to win the love of the prince"
„va trebui să câștigi dragostea prințului"
"he must be willing to forget his father and mother for you"
„El trebuie să fie dispus să-și uite tatăl și mama pentru tine"
"and he must love you with all of his soul"
„și trebuie să te iubească din tot sufletul"

"the priest must join your hands together"
„preotul trebuie să vă unească mâinile"
"and he must make you man and wife in holy matrimony"
„și trebuie să te facă bărbat și soție în căsătorie sfântă"
"only then will you have an immortal soul"
"Doar atunci vei avea un suflet nemuritor"
"but you must never allow him to marry another woman"
„dar nu trebuie să-i permiti niciodată să se căsătorească cu o altă femeie"
"the morning after he marries another woman, your heart will break"
„În dimineața după ce se căsătorește cu o altă femeie, inima ți se va frânge"
"and you will become foam on the crest of the waves"
„și vei deveni spumă pe creasta valurilor"
the little mermaid became as pale as death
mica sirenă a devenit palidă ca moartea
"I will do it," said the little mermaid
„O voi face", a spus mica sirenă

"But I must be paid, also," said the witch
— Dar și eu trebuie să fiu plătită, spuse vrăjitoarea
"and it is not a trifle that I ask for"
"și nu este un fleac ceea ce cer"
"You have the sweetest voice of any who dwell here"
„Ai cea mai dulce voce dintre toți cei care locuiesc aici"
"you believe that you can charm the prince with your voice"
„Crezi că poți fermeca prințul cu vocea ta"
"But your beautiful voice you must give to me"
„Dar vocea ta frumoasă trebuie să mi-o dai"
"The best thing you possess is the price of my potion"
„Cel mai bun lucru pe care îl ai este prețul poțiunii mele"
"the potion must be mixed with my own blood"
„poțiunea trebuie amestecată cu propriul meu sânge"
"only this mixture makes the potion as sharp as a two-edged sword"

„Numai acest amestec face poțiunea la fel de ascuțită ca o sabie cu două tăișuri"

the little mermaid tried to object to the cost
micuța sirenă a încercat să se opună costului
"But if you take away my voice..." said the little mermaid
„Dar dacă îmi iei vocea...", a spus mica sirenă
"if you take away my voice, what is left for me?"
„dacă îmi iei vocea, ce-mi mai rămâne?"
"Your beautiful form," suggested the sea witch
— Forma ta frumoasă, sugeră vrăjitoarea mării
"your graceful walk, and your expressive eyes"
„mersul tău grațios și ochii tăi expresivi"
"Surely, with these things you can enchain a man's heart?"
— Cu siguranță, cu aceste lucruri poți lega inima unui bărbat?
"Well, have you lost your courage?" the sea witch asked
— Ei bine, ți-ai pierdut curajul? întrebă vrăjitoarea mării
"Put out your little tongue, so that I can cut it off"
„Scoate-ți limba mică, ca să o pot tăia"
"then you shall have the powerful potion"
„atunci vei avea poțiunea puternică"
"It shall be," said the little mermaid
— O să fie, spuse mica sirenă

Then the witch placed her cauldron on the fire
Apoi vrăjitoarea și-a pus ceaunul pe foc
"Cleanliness is a good thing," said the sea witch
„Curățenia este un lucru bun", a spus vrăjitoarea mării
she scoured the vessels for the right snake
ea a cercetat vasele după șarpele potrivit
all the snakes had been tied together in a large knot
toți șerpii fuseseră legați împreună într-un nod mare
Then she pricked herself in the breast
Apoi s-a înțepat în sân
and she let the black blood drop into the caldron
iar ea a lăsat sângele negru să cadă în căldare

The steam that rose twisted itself into horrible shapes
Aburul care se ridica s-a răsucit în forme oribile
no person could look at the shapes without fear
nimeni nu putea privi formele fără teamă
Every moment the witch threw new ingredients into the vessel
În fiecare moment, vrăjitoarea arunca ingrediente noi în vas
finally, with everything inside, the caldron began to boil
în cele din urmă, cu totul înăuntru, ceaunul a început să fiarbă
there was the sound like the weeping of a crocodile
se auzi un sunet ca plânsul unui crocodil
and at last the magic potion was ready
iar în sfârşit poţiunea magică era gata
despite its ingredients, the potion looked like the clearest water
în ciuda ingredientelor sale, poţiunea arăta ca cea mai limpede apă
"There it is, all for you," said the witch
— Iată, totul pentru tine, spuse vrăjitoarea
and then she cut off the little mermaid's tongue
iar apoi a tăiat limba micii sirene
so that the little mermaid could never again speak, nor sing again
pentru ca mica sirenă să nu mai poată vorbi şi nici să cânte niciodată
"the polypi might try and grab you on the way out"
„polipii ar putea încerca să te prindă la ieşire"
"if they try, throw over them a few drops of the potion"
„dacă încearcă, aruncă peste ei câteva picături din poţiune"
"and their fingers will be torn into a thousand pieces"
„şi degetele lor vor fi rupte în o mie de bucăţi"
But the little mermaid had no need to do this
Dar mica sirenă nu avea nevoie să facă asta
the polypi sprang back in terror when they saw her
polipii au sărit înapoi îngroziţi când au văzut-o
they saw she had lost her tongue to the sea witch

au văzut că îşi pierduse limba vrăjitoarei mării
and they saw she was carrying the potion
şi au văzut că purta poţiunea
the potion shone in her hand like a twinkling star
poţiunea strălucea în mână ca o stea sclipitoare

So she passed quickly through the wood and the marsh
Aşa că a trecut repede prin pădure şi mlaştină
and she passed between the rushing whirlpools
iar ea a trecut printre vârtejurile năvalnice
soon she made her way back to the palace of her father
curând ea s-a întors spre palatul tatălui ei
all the torches in the ballroom were extinguished
toate torţele din sala de bal s-au stins
all within the palace must now be asleep
toţi din interiorul palatului trebuie să fie acum adormiţi
But she did not go inside to see them
Dar ea nu a intrat să-i vadă
she knew she was going to leave them forever
ştia că avea de gând să-i părăsească pentru totdeauna
and she knew her heart would break if she saw them
şi ştia că inima i se va frânge dacă le va vedea
she went into the garden one last time
a intrat pentru ultima dată în grădină
and she took a flower from each one of her sisters
iar ea a luat câte o floare de la fiecare dintre surorile ei
and then she rose up through the dark-blue waters
apoi ea s-a ridicat prin apele albastru închis

The Little Mermaid Meets the Prince
Mica Sirenă îl întâlnește pe prinț

the little mermaid arrived at the prince's palace
mica sirenă a ajuns la palatul prințului
the sun had not yet risen from the sea
soarele încă nu răsărise din mare
and the moon shone clear and bright in the night
iar luna strălucea limpede și strălucitoare în noapte
the little mermaid sat at the beautiful marble steps
mica sirenă stătea la frumoasele trepte de marmură
and then the little mermaid drank the magic potion
iar apoi micuța sirenă a băut poțiunea magică
she felt the cut of a two-edged sword cut through her
a simțit tăierea unei săbii cu două tăișuri tăind-o
and she fell into a swoon, and lay like one dead
și ea a căzut leșinat și a zăcut ca un mort
the sun rose from the sea and shone over the land
soarele a răsărit din mare și a strălucit peste pământ
she recovered and felt the pain from the cut
ea și-a revenit și a simțit durerea de la tăietură
but before her stood the handsome young prince
dar înaintea ei stătea tânărul prinț frumos

He fixed his coal-black eyes upon the little mermaid
Și-a fixat ochii negri ca cărbunele asupra micuței sirene
he looked so earnestly that she cast down her eyes
se uită atât de serios încât ea își coborî ochii
and then she became aware that her fish's tail was gone
și atunci a devenit conștientă că coada de pește îi dispăruse
she saw that she had the prettiest pair of white legs
a văzut că are cea mai frumoasă pereche de picioare albe
and she had tiny feet, as any little maiden would have
și avea picioare minuscule, așa cum ar avea orice fetiță
But, having come from the sea, she had no clothes
Dar, venind de la mare, nu avea haine

so she wrapped herself in her long, thick hair
așa că s-a înfășurat în părul ei lung și des
The prince asked her who she was and whence she came
Prințul a întrebat-o cine este și de unde a venit
She looked at him mildly and sorrowfully
Ea îl privi blând și întristată
but she had to answer with her deep blue eyes
dar trebuia să răspundă cu ochii ei albaștri adânci
because the little mermaid could not speak anymore
pentru că mica sirenă nu mai putea vorbi
He took her by the hand and led her to the palace
A luat-o de mână și a condus-o la palat

Every step she took was as the witch had said it would be
Fiecare pas pe care îl făcea era așa cum spusese vrăjitoarea că va fi
she felt as if she were treading upon sharp knives
avea impresia că călcă pe cuțite ascuțite
She bore the pain of her wish willingly, however
Totuși, a suportat de bunăvoie durerea dorinței sale
and she moved at the prince's side as lightly as a bubble
iar ea s-a mișcat lângă prinț la fel de ușor ca un balon
all who saw her wondered at her graceful, swaying movements
toți cei care o vedeau se mirau de mișcările ei grațioase și legănate
She was very soon arrayed in costly robes of silk and muslin
Foarte curând a fost îmbrăcată în haine scumpe de mătase și muselină
and she was the most beautiful creature in the palace
iar ea era cea mai frumoasă creatură din palat
but she appeared dumb, and could neither speak nor sing
dar părea mută și nu putea nici să vorbească, nici să cânte

there were beautiful female slaves, dressed in silk and gold
erau sclave frumoase, îmbrăcate în mătase și aur

they stepped forward and sang in front of the royal family
au făcut un pas înainte și au cântat în fața familiei regale
each slave could sing better than the next one
fiecare sclav putea să cânte mai bine decât următorul
and the prince clapped his hands and smiled at her
iar prințul bătu din palme și îi zâmbi
This was a great sorrow to the little mermaid
Aceasta a fost o mare durere pentru mica sirenă
she knew how much more sweetly she was able to sing
știa cu cât mai dulce era în stare să cânte
"if only he knew I have given away my voice to be with him!"
„Dacă ar ști că mi-am dat vocea pentru a fi cu el!"

there was music being played by an orchestra
era muzică cântată de o orchestră
and the slaves performed some pretty, fairy-like dances
iar sclavii au interpretat niște dansuri frumoase, asemănătoare zânelor
Then the little mermaid raised her lovely white arms
Apoi, mica sirenă și-a ridicat brațele albe și minunate
she stood on the tips of her toes like a ballerina
stătea în vârful degetelor de la picioare ca o balerină
and she glided over the floor like a bird over water
iar ea a alunecat pe podea ca o pasăre peste apă
and she danced as no one yet had been able to dance
iar ea a dansat de parcă nimeni nu a fost încă în stare să danseze
At each moment her beauty was more revealed
În fiecare moment frumusețea ei era mai dezvăluită
most appealing of all, to the heart, were her expressive eyes
cel mai atrăgător dintre toate, pentru inimă, erau ochii ei expresivi
Everyone was enchanted by her, especially the prince
Toată lumea a fost vrăjită de ea, mai ales prințul
the prince called her his deaf little foundling

prințul o numea micuța lui surdă
and she happily continued to dance, to please the prince
iar ea a continuat fericită să danseze, pentru a-i face pe plac prințului
but we must remember the pain she endured for his pleasure
dar trebuie să ne amintim durerea pe care a îndurat-o pentru plăcerea lui
every step on the floor felt as if she trod on sharp knives
la fiecare pas pe podea se simțea de parcă călca pe cuțite ascuțite

The prince said she should remain with him always
Prințul a spus că ar trebui să rămână mereu cu el
and she was given permission to sleep at his door
și i s-a dat permisiunea să doarmă la ușa lui
they brought a velvet cushion for her to lie on
au adus o pernă de catifea pe care să se întindă
and the prince had a page's dress made for her
iar prințul a făcut pentru ea o rochie de paj
this way she could accompany him on horseback
în felul acesta îl putea însoți călare
They rode together through the sweet-scented woods
Au călărit împreună prin pădurile cu parfum dulce
in the woods the green branches touched their shoulders
în pădure ramurile verzi le atingeau umerii
and the little birds sang among the fresh leaves
iar păsărelele cântau printre frunzele proaspete
She climbed with him to the tops of high mountains
Ea a urcat cu el pe vârfurile munților înalți
and although her tender feet bled, she only smiled
și deși picioarele ei fragede sângerau, ea doar zâmbea
she followed him till the clouds were beneath them
ea l-a urmat până când norii au ajuns sub ei
like a flock of birds flying to distant lands
ca un stol de păsări care zboară spre țări îndepărtate

when all were asleep she sat on the broad marble steps
când toți dormeau, ea stătea pe treptele largi de marmură
it eased her burning feet to bathe them in the cold water
îi ușura picioarele arzătoare să le scalde în apa rece
It was then that she thought of all those in the sea
Atunci s-a gândit la toți cei din mare
Once, during the night, her sisters came up, arm in arm
Odată, în timpul nopții, surorile ei au venit, braț la braț
they sang sorrowfully as they floated on the water
cântau întristați în timp ce pluteau pe apă
She beckoned to them, and they recognized her
Ea le-a făcut semn și ei au recunoscut-o
they told her how they had grieved their youngest sister
i-au povestit cât de întristaseră pe sora lor cea mai mică
after that, they came to the same place every night
după aceea, veneau în același loc în fiecare noapte
Once she saw in the distance her old grandmother
Odată a văzut-o în depărtare pe bunica ei
she had not been to the surface of the sea for many years
nu mai fusese la suprafața mării de mulți ani
and the old Sea King, her father, with his crown on his head
și bătrânul Rege al Mării, tatăl ei, cu coroana lui pe cap
he too came to where she could see him
a venit și el acolo unde ea îl putea vedea
They stretched out their hands towards her
Și-au întins mâinile spre ea
but they did not venture as near the land as her sisters
dar nu s-au aventurat atât de aproape de pământ ca surorile ei

As the days passed she loved the prince more dearly
Pe măsură ce zilele treceau, ea îl iubea pe prinț mai mult
and he loved her as one would love a little child
și o iubea așa cum ar iubi un copil mic
The thought never came to him to make her his wife
Nu i-a venit niciodată gândul să o facă soție
but, unless he married her, her wish would never come true

dar, dacă nu s-ar căsători cu ea, dorința ei nu se va împlini niciodată
unless he married her she could not receive an immortal soul
dacă nu se căsătorea cu ea nu putea primi un suflet nemuritor
and if he married another her dreams would shatter
iar dacă s-ar căsători cu altul visele ei s-ar spulbera
on the morning after his marriage she would dissolve
în dimineața de după căsătoria lui ea avea să se dizolve
and the little mermaid would become the foam of the sea
iar mica sirenă avea să devină spuma mării

the prince took the little mermaid in his arms
prințul luă în brațe micuța sirenă
and he kissed her on her forehead
iar el a sărutat-o pe frunte
with her eyes she tried to ask him
cu ochii ea a încercat să-l întrebe
"Do you not love me the most of them all?"
„Nu mă iubești cel mai mult dintre ei?"
"Yes, you are dear to me," said the prince
— Da, îmi ești dragă, spuse prințul
"because you have the best heart"
„pentru că ai cea mai bună inimă"
"and you are the most devoted to me"
„și ești cel mai devotat mie"
"You are like a young maiden whom I once saw"
„Ești ca o tânără fecioară pe care am văzut-o cândva"
"but I shall never meet this young maiden again"
„dar nu voi mai întâlni niciodată această tânără fecioară"
"I was in a ship that was wrecked"
„Eram într-o navă care a fost naufragiată"
"and the waves cast me ashore near a holy temple"
„și valurile m-au aruncat pe țărm lângă un templu sfânt"
"at the temple several young maidens performed the service"
„la templu au săvârșit slujba mai multe fete tinere"
"The youngest maiden found me on the shore"

„Cea mai tânără fecioară m-a găsit pe mal"
"and the youngest of the maidens saved my life"
„și cea mai tânără dintre fecioare mi-a salvat viața"
"I saw her but twice," he explained
„Am văzut-o de două ori", a explicat el
"and she is the only one in the world whom I could love"
„și ea este singura din lume pe care aș putea-o iubi"
"But you are like her," he reassured the little mermaid
„Dar tu ești ca ea", a liniștit el pe mica sirenă
"and you have almost driven her image from my mind"
„și aproape ai alungat imaginea ei din mintea mea"
"She belongs to the holy temple"
„Ea aparține templului sfânt"
"good fortune has sent you instead of her to me"
„Norocul te-a trimis pe tine în locul ei la mine"
"We will never part," he comforted the little mermaid
„Nu ne vom despărți niciodată", a mângâiat el pe mica sirenă

but the little mermaid could not help but sigh
dar mica sirenă nu s-a putut abține să oftă
"he knows not that it was I who saved his life"
„El nu știe că eu am fost cel care i-am salvat viața"
"I carried him over the sea to where the temple stands"
„L-am dus peste mare până unde se află templul"
"I sat beneath the foam till the human came to help him"
„Am stat sub spumă până când omul a venit să-l ajute"
"I saw the pretty maiden that he loves"
„Am văzut fecioara drăguță pe care o iubește"
"the pretty maiden that he loves more than me"
„feița drăguță pe care o iubește mai mult decât pe mine"
The mermaid sighed deeply, but she could not weep
Sirena a oftat adânc, dar nu a putut să plângă
"He says the maiden belongs to the holy temple"
„El spune că fecioara aparține templului sfânt"
"therefore she will never return to the world"
„de aceea ea nu se va întoarce niciodată pe lume"

"they will meet no more," the little mermaid hoped
„Nu se vor mai întâlni", a sperat mica sirenă
"I am by his side and see him every day"
„Sunt alături de el şi îl văd în fiecare zi"
"I will take care of him, and love him"
„Voi avea grijă de el şi îl voi iubi"
"and I will give up my life for his sake"
„şi voi renunţa la viaţa mea de dragul lui"

The Day of the Wedding
Ziua Nunții

Very soon it was said that the prince was going to marry
Foarte curând s-a spus că prințul avea de gând să se căsătorească
there was the beautiful daughter of a neighbouring king
acolo era frumoasa fiică a unui rege vecin
it was said that she would be his wife
se spunea că va fi soția lui
for the occasion a fine ship was being fitted out
pentru această ocazie se amenaja o corabie frumoasă
the prince said he intended only to visit the king
prințul a spus că intenționează doar să-l viziteze pe rege
they thought he was only going so as to meet the princess
au crezut că merge doar pentru a o întâlni pe prințesă
The little mermaid smiled and shook her head
Mica sirenă a zâmbit și a clătinat din cap
She knew the prince's thoughts better than the others
Ea cunoștea gândurile prințului mai bine decât celelalte

"I must travel," he had said to her
„Trebuie să călătoresc", îi spusese el
"I must see this beautiful princess"
„Trebuie să văd această prințesă frumoasă"
"My parents want me to go and see her"
„Părinții mei vor să mă duc să o văd"
"but they will not oblige me to bring her home as my bride"
„dar nu mă vor obliga să o aduc acasă ca mireasă"
"you know that I cannot love her"
„știi că nu o pot iubi"
"because she is not like the beautiful maiden in the temple"
„pentru că nu seamănă cu frumoasa fecioară din templu"
"the beautiful maiden whom you resemble"
„Frumoasa fecioară cu care semeni"
"If I were forced to choose a bride, I would choose you"

„Dacă aș fi obligat să aleg o mireasă, te-aș alege pe tine"
"my deaf foundling, with those expressive eyes"
„gătitul meu surd, cu acei ochi expresivi"
Then he kissed her rosy mouth
Apoi i-a sărutat gura trandafirie
and he played with her long, waving hair
iar el se juca cu părul ei lung și ondulat
and he laid his head on her heart
și el și-a pus capul pe inima ei
she dreamed of human happiness and an immortal soul
visa la fericirea omenească și la un suflet nemuritor

they stood on the deck of the noble ship
stăteau pe puntea corăbiei nobile
"You are not afraid of the sea, are you?" he said
— Nu ți-e frică de mare, nu? spuse el
the ship was to carry them to the neighbouring country
nava urma să le ducă în țara vecină
Then he told her of storms and of calms
Apoi i-a povestit despre furtuni și despre calm
he told her of strange fishes deep beneath the water
i-a povestit despre pești ciudați adânci sub apă
and he told her of what the divers had seen there
iar el i-a povestit ce văzuseră scafandrii acolo
She smiled at his descriptions, slightly amused
Ea a zâmbit la descrierile lui, ușor amuzată
she knew better what wonders were at the bottom of the sea
știa mai bine ce minuni erau pe fundul mării

the little mermaid sat on the deck at moonlight
mica sirenă stătea pe punte la lumina lunii
all on board were asleep, except the man at the helm
toți cei aflați la bord dormeau, cu excepția bărbatului de la cârmă
and she gazed down through the clear water
iar ea se uită în jos prin apa limpede

She thought she could distinguish her father's castle
Ea credea că poate distinge castelul tatălui ei
and in the castle she could see her aged grandmother
iar în castel o putea vedea pe bunica în vârstă
Then her sisters came out of the waves
Apoi surorile ei au ieșit din valuri
and they gazed at their sister mournfully
și s-au uitat la sora lor cu jale
She beckoned to her sisters, and smiled
Ea le-a făcut semn surorilor ei și a zâmbit
she wanted to tell them how happy and well off she was
a vrut să le spună cât de fericită și de bine era
But the cabin boy approached and her sisters dived down
Dar cabana s-a apropiat și surorile ei s-au scufundat
he thought what he saw was the foam of the sea
a crezut că ceea ce a văzut este spuma mării

The next morning the ship got into the harbour
A doua zi dimineața, nava a intrat în port
they had arrived in a beautiful coastal town
ajunseseră într-un frumos oraș de coastă
on their arrival they were greeted by church bells
la sosirea lor au fost întâmpinați de clopotele bisericii
and from the high towers sounded a flourish of trumpets
iar din turnurile înalte răsuna un înflorire de trâmbițe
soldiers lined the roads through which they passed
soldații se înșiruiau pe drumurile prin care treceau
Soldiers, with flying colors and glittering bayonets
Soldați, cu brio și baionete sclipitoare
Every day that they were there there was a festival
În fiecare zi în care erau acolo era un festival
balls and entertainments were organised for the event
pentru eveniment au fost organizate baluri și distracții
But the princess had not yet made her appearance
Dar prințesa nu își făcuse încă apariția
she had been brought up and educated in a religious house

fusese crescută și educată într-o casă religioasă
she was learning every royal virtue of a princess
învăța fiecare virtute regală a unei prințese

At last, the princess made her royal appearance
În cele din urmă, prințesa și-a făcut apariția regală
The little mermaid was anxious to see her
Mica sirenă era nerăbdătoare să o vadă
she had to know whether she really was beautiful
trebuia să știe dacă era cu adevărat frumoasă
and she was obliged to admit she really was beautiful
și era obligată să recunoască că era cu adevărat frumoasă
she had never seen a more perfect vision of beauty
nu văzuse niciodată o viziune mai perfectă asupra frumuseții
Her skin was delicately fair
Pielea ei era delicată
and her laughing blue eyes shone with truth and purity
iar ochii ei albaștri care râdeau străluceau de adevăr și puritate
"It was you," said the prince
— Tu ai fost, spuse prințul
"you saved my life when I lay as if dead on the beach"
„Mi-ai salvat viața când am stat ca moartă pe plajă"
"and he held his blushing bride in his arms"
„și și-a ținut în brațe mireasa înroșită"

"Oh, I am too happy!" said he to the little mermaid
„Oh, sunt prea fericit!" spuse el micii sirene
"my fondest hopes are now fulfilled"
„Cele mai dragi speranțe ale mele sunt acum împlinite"
"You will rejoice at my happiness"
„Te vei bucura de fericirea mea"
"because your devotion to me is great and sincere"
„pentru că devotamentul tău față de mine este mare și sincer"
The little mermaid kissed the prince's hand
Mica sirenă a sărutat mâna prințului
and she felt as if her heart were already broken

și simțea de parcă inima îi era deja frântă
the morning of his wedding was going to bring death to her
dimineața nunții lui avea să-i aducă moartea
she knew she was to become the foam of the sea
știa că urma să devină spuma mării

the sound of the church bells rang through the town
sunetul clopotelor bisericii răsuna prin oraș
the heralds rode through the town proclaiming the betrothal
vestitorii au călărit prin oraș proclamând logodna
Perfumed oil was burned in silver lamps on every altar
Uleiul parfumat era ars în lămpi de argint pe fiecare altar
The priests waved the censers over the couple
Preoții fluturau cădelnițele peste cuplu
and the bride and the bridegroom joined their hands
iar mireasa și mirele și-au împreunat mâinile
and they received the blessing of the bishop
și au primit binecuvântarea episcopului
The little mermaid was dressed in silk and gold
Mica sirenă era îmbrăcată în mătase și aur
she held up the bride's dress, in great pain
a ridicat rochia miresei, cu mare durere
but her ears heard nothing of the festive music
dar urechile ei nu auziră nimic din muzica festivă
and her eyes saw not the holy ceremony
iar ochii ei nu au văzut ceremonia sfântă
She thought of the night of death coming to her
Se gândea la noaptea morții venind spre ea
and she mourned for all she had lost in the world
iar ea a jelit pentru tot ce pierduse pe lume

that evening the bride and bridegroom boarded the ship
în acea seară mirii s-au urcat pe navă
the ship's cannons were roaring to celebrate the event
tunurile navei urlău pentru a sărbători evenimentul
and all the flags of the kingdom were waving

și toate steagurile împărăției fluturau
in the centre of the ship a tent had been erected
în centrul navei fusese ridicat un cort
in the tent were the sleeping couches for the newlyweds
în cort se aflau canapelele de dormit pentru tinerii căsătoriți
the winds were favourable for navigating the calm sea
vânturile erau favorabile pentru navigarea în marea calmă
and the ship glided as smoothly as the birds of the sky
iar corabia aluneca la fel de lin ca păsările cerului

When it grew dark, a number of colored lamps were lighted
Când s-a întunecat, au fost aprinse o serie de lămpi colorate
the sailors and royal family danced merrily on the deck
marinarii și familia regală dansau veseli pe punte
The little mermaid could not help thinking of her birthday
Mica sirenă nu a putut să nu se gândească la ziua ei
the day that she rose out of the sea for the first time
ziua în care s-a ridicat pentru prima dată din mare
similar joyful festivities were celebrated on that day
aceleași festivități vesele au fost sărbătorite în acea zi
she thought about the wonder and hope she felt that day
se gândi la minunea și speranța pe care le-a simțit în ziua aceea
with those pleasant memories, she too joined in the dance
cu acele amintiri plăcute, s-a alăturat și ea la dans
on her paining feet, she poised herself in the air
pe picioarele ei dureroase, se ridică în aer
the way a swallow poises itself when in pursued of prey
felul în care o rândunica se echilibrează atunci când este urmărită de pradă
the sailors and the servants cheered her wonderingly
marinarii și servitorii o aplaudau mirați
She had never danced so gracefully before
Ea nu dansase niciodată atât de grațios înainte
Her tender feet felt as if cut with sharp knives
Picioarele ei fragede se simțeau ca tăiate cu cuțite ascuțite

but she cared little for the pain of her feet
dar puțin îi păsa de durerea picioarelor
there was a much sharper pain piercing her heart
era o durere mult mai ascuțită care îi străpungea inima

She knew this was the last evening she would ever see him
Știa că aceasta era ultima seară în care îl va vedea vreodată
the prince for whom she had forsaken her kindred and home
prințul pentru care își părăsise rudele și casa
She had given up her beautiful voice for him
Renunțase la vocea ei frumoasă pentru el
and every day she had suffered unheard-of pain for him
și în fiecare zi suferise dureri nemaiauzite pentru el
she suffered all this, while he knew nothing of her pain
ea a suferit toate acestea, în timp ce el nu știa nimic despre durerea ei
it was the last evening she would breath the same air as him
era ultima seară în care avea să respire același aer ca el
it was the last evening she would gaze on the same starry sky
era ultima seară în care avea să privească același cer înstelat
it was the last evening she would gaze into the deep sea
era ultima seară în care avea să privească în adâncul mării
it was the last evening she would gaze into the eternal night
era ultima seară în care avea să privească în noaptea eternă
an eternal night without thoughts or dreams awaited her
o aștepta o noapte veșnică fără gânduri sau vise
She was born without a soul, and now she could never win one
S-a născut fără suflet, iar acum nu a putut câștiga niciodată unul

All was joy and gaiety on the ship until long after midnight
Totul a fost bucurie și veselie pe navă până mult după miezul nopții
She smiled and danced with the others on the royal ship

Ea a zâmbit și a dansat cu ceilalți de pe nava regală
but she danced while the thought of death was in her heart
dar ea dansa în timp ce gândul morții era în inima ei
she had to watch the prince dance with the princess
trebuia să privească prințul dansând cu prințesa
she had to watch when the prince kissed his beautiful bride
trebuia să privească când prințul și-a sărutat frumoasa mireasă
she had to watch her play with the prince's raven hair
trebuia să o privească cum se joacă cu părul de corb al prințului
and she had to watch them enter the tent, arm in arm
și trebuia să-i privească intrând în cort, braț la braț

After the Wedding
După Nuntă

After they had gone all became still on board the ship
După ce au plecat, toți au rămas nemișcați la bordul navei
only the pilot, who stood at the helm, was still awake
doar pilotul, care stătea la cârmă, era încă treaz
The little mermaid leaned on the edge of the vessel
Mica sirenă s-a sprijinit de marginea vasului
she looked towards the east for the first blush of morning
se uită spre est după primul înroșire al dimineții
the first ray of the dawn, which was to be her death
prima rază a zorilor, care avea să fie moartea ei
from far away she saw her sisters rising out of the sea
de departe le-a văzut pe surorile ei ridicându-se din mare
They were as pale with fear as she was
Erau la fel de palizi de frică ca și ea
but their beautiful hair no longer waved in the wind
dar părul lor frumos nu se mai flutura în vânt
"We have given our hair to the witch," said they
„Ne-am dat părul vrăjitoarei", au spus ei
"so that you do not have to die tonight"
„ca să nu fii nevoit să mori în seara asta"
"for our hair we have obtained this knife"
„pentru părul nostru am obținut acest cuțit"
"Before the sun rises you must use this knife"
„Înainte să răsară soarele trebuie să folosești acest cuțit"
"you must plunge the knife into the heart of the prince"
„Trebuie să arunci cuțitul în inima prințului"
"the warm blood of the prince must fall upon your feet"
„sângele cald al prințului trebuie să cadă pe picioarele tale"
"and then your feet will grow together again"
„și atunci picioarele tale vor crește din nou împreună"
"where you have legs you will have a fish's tail again"
"unde ai picioare vei avea iar coada de pește"

"and where you were human you will once more be a mermaid"
„și acolo unde ai fost om vei fi din nou o sirenă"
"then you can return to live with us, under the sea"
"atunci te poti intoarce sa locuiesti cu noi, sub mare"
"and you will be given your three hundred years of a mermaid"
„și ți se vor da trei sute de ani de sirenă"
"and only then will you be changed into the salty sea foam"
„și numai atunci vei fi schimbat în spuma sărată a mării"
"Haste, then; either he or you must die before sunrise"
"Grăbește-te, atunci; fie el, fie tu trebuie să mori înainte de răsăritul soarelui"
"our old grandmother mourns for you day and night"
„bătrâna noastră bunica te plânge zi și noapte"
"her white hair is falling out"
„îi cade părul alb"
"just as our hair fell under the witch's scissors"
„Așa cum părul nostru a căzut sub foarfecele vrăjitoarei"
"Kill the prince, and come back," they begged her
„Omoară prințul și întoarce-te", au rugat-o
"Do you not see the first red streaks in the sky?"
— Nu vezi primele dungi roșii pe cer?
"In a few minutes the sun will rise, and you will die"
„În câteva minute soarele va răsări și tu vei muri"
having done their best, her sisters sighed deeply
făcând tot posibilul, surorile ei au oftat adânc
mournfully her sisters sank back beneath the waves
surorile ei s-au scufundat în jale sub valuri
and the little mermaid was left with the knife in her hands
iar mica sirenă a rămas cu cuțitul în mâini

she drew back the crimson curtain of the tent
ea trase înapoi perdeaua purpurie a cortului
and in the tent she saw the beautiful bride
iar în cort a văzut frumoasa mireasă

her face was resting on the prince's breast
fața ei se sprijinea pe sânul prințului
and then the little mermaid looked at the sky
iar apoi mica sirenă s-a uitat la cer
on the horizon the rosy dawn grew brighter and brighter
la orizont zorile trandafirii devenea din ce în ce mai strălucitoare
She glanced at the sharp knife in her hands
Ea aruncă o privire la cuțitul ascuțit din mâinile ei
and again she fixed her eyes on the prince
și iarăși își aținti ochii asupra prințului
She bent down and kissed his noble brow
Ea se apleca și îi sărută fruntea nobilă
he whispered the name of his bride in his dreams
a șoptit numele miresei sale în vis
he was dreaming of the princess he had married
visa la prințesa cu care se căsătorise
the knife trembled in the hand of the little mermaid
cuțitul tremura în mâna micii sirene
but she flung the knife far into the sea
dar ea a aruncat cuțitul departe în mare

where the knife fell the water turned red
acolo unde a căzut cuțitul apa s-a înroșit
the drops that spurted up looked like blood
picăturile care țâșneau arătau ca sângele
She cast one last look upon the prince she loved
A aruncat o ultimă privire prințului pe care îl iubea
the sun pierced the sky with its golden arrows
soarele a străpuns cerul cu săgețile sale aurii
and she threw herself from the ship into the sea
iar ea s-a aruncat de pe corabie în mare
the little mermaid felt her body dissolving into foam
mica sirenă își simți trupul dizolvându-se în spumă
and all that rose to the surface were bubbles of air
și tot ce se ridica la suprafață erau bule de aer

the sun's warm rays fell upon the cold foam
razele calde ale soarelui cădeau peste spuma rece
but she did not feel as if she were dying
dar nu avea senzaţia că ar fi murit
in a strange way she felt the warmth of the bright sun
într-un mod ciudat simţi căldura soarelui strălucitor
she saw hundreds of beautiful transparent creatures
a văzut sute de creaturi transparente frumoase
the creatures were floating all around her
creaturile pluteau în jurul ei
through the creatures she could see the white sails of the ships
prin creaturi putea vedea pânzele albe ale corăbiilor
and between the sails of the ships she saw the red clouds in the sky
iar între pânzele corăbiilor văzu norii roşii pe cer
Their speech was melodious and childlike
Discursul lor era melodios şi copilăresc
but their speech could not be heard by mortal ears
dar vorbirea lor nu putea fi auzită de urechile muritorilor
nor could their bodies be seen by mortal eyes
nici trupurile lor nu puteau fi văzute de ochii muritorilor
The little mermaid perceived that she was like them
Mica sirenă a perceput că e ca ei
and she felt that she was rising higher and higher
şi simţea că se ridică din ce în ce mai sus
"Where am I?" asked she, and her voice sounded ethereal
— Unde sunt? întrebă ea, iar vocea ei sună eterică
there is no earthly music that could imitate her
nu există muzică pământească care să o imite
"you are among the daughters of the air," answered one of them
„Sunteţi printre fiicele văzduhului", a răspuns una dintre ele
"A mermaid has not an immortal soul"
„O sirenă nu are un suflet nemuritor"
"nor can mermaids obtain immortal souls"

„Nici sirenele nu pot obține suflete nemuritoare"
"unless she wins the love of a human being"
„Dacă nu câștigă dragostea unei ființe umane"
"on the will of another hangs her eternal destiny"
„de voia altuia atârnă destinul ei etern"
"like you, we do not have immortal souls either"
„ca tine, nici noi nu avem suflete nemuritoare"
"but we can obtain an immortal soul by our deeds"
„dar putem obține un suflet nemuritor prin faptele noastre"
"We fly to warm countries and cool the sultry air"
„Zburăm în țările calde și răcim aerul însuflețit"
"the heat that destroys mankind with pestilence"
„căldura care distruge omenirea cu ciumă"
"We carry the perfume of the flowers"
„Noi purtăm parfumul florilor"
"and we spread health and restoration"
„și răspândim sănătate și restaurare"

"for three hundred years we travel the world like this"
„Trei sute de ani călătorim în lumea asta"
"in that time we strive to do all the good in our power"
„În acel timp ne străduim să facem tot binele care ne stă în putere"
"if we succeed we receive an immortal soul"
„Dacă reușim, primim un suflet nemuritor"
"and then we too take part in the happiness of mankind"
„și atunci și noi participăm la fericirea omenirii"
"You, poor little mermaid, have done your best"
„Tu, sărmana sirenă, ai făcut tot ce ai putut"
"you have tried with your whole heart to do as we are doing"
„Ai încercat din toată inima să faci așa cum facem noi"
"You have suffered and endured an enormous pain"
„Ai suferit și ai îndurat o durere enormă"
"by your good deeds you raised yourself to the spirit world"
„prin faptele tale bune te-ai ridicat în lumea spiritelor"
"and now you will live alongside us for three hundred years"

„și acum vei trăi alături de noi trei sute de ani"
"by striving like us, you may obtain an immortal soul"
„Luptându-te ca noi, poți obține un suflet nemuritor"
The little mermaid lifted her glorified eyes toward the sun
Mica sirenă și-a ridicat ochii glorificați spre soare
for the first time, she felt her eyes filling with tears
pentru prima dată, simți ochii umplundu-se de lacrimi

On the ship she had left there was life and noise
Pe nava pe care o lăsase era viață și zgomot
she saw the prince and his beautiful bride searching for her
l-a văzut pe prinț și pe frumoasa lui mireasă căutând-o
Sorrowfully, they gazed at the pearly foam
Cu tristețe, se uitară la spuma sidefată
it was as if they knew she had thrown herself into the waves
parcă știau că ea se aruncase în valuri
Unseen, she kissed the forehead of the bride
Nevăzută, ea a sărutat fruntea miresei
and then she rose with the other children of the air
apoi s-a ridicat cu ceilalți copii ai văzduhului
together they went to a rosy cloud that floated above
împreună s-au dus la un nor trandafir care plutea deasupra

"After three hundred years," one of them started explaining
„După trei sute de ani", a început să explice unul dintre ei
"then we shall float into the kingdom of heaven," said she
„Atunci vom pluti în împărăția cerurilor", a spus ea
"And we may even get there sooner," whispered a companion
— Și s-ar putea chiar să ajungem acolo mai devreme, șopti un tovarăș
"Unseen we can enter the houses where there are children"
„Nevăzuți putem intra în casele unde sunt copii"
"in some of the houses we find good children"
„în unele case găsim copii cuminți"
"these children are the joy of their parents"

„acești copii sunt bucuria părinților lor"
"and these children deserve the love of their parents"
„și acești copii merită dragostea părinților lor"
"such children shorten the time of our probation"
„Acești copii scurtează timpul de probă"
"The child does not know when we fly through the room"
„Copilul nu știe când zburăm prin cameră"
"and they don't know that we smile with joy at their good conduct"
„și ei nu știu că zâmbim de bucurie la buna lor purtare"
"because then our judgement comes one day sooner"
„pentru că atunci judecata noastră vine cu o zi mai devreme"
"But we see naughty and wicked children too"
„Dar vedem și copii obraznici și răi"
"when we see such children we shed tears of sorrow"
„Când vedem astfel de copii vărsăm lacrimi de durere"
"and for every tear we shed a day is added to our time"
„și pentru fiecare lacrimă pe care o vărsăm o zi se adaugă în timpul nostru"

www.tranzlaty.com

www.ingramcontent.com/pod-product-compliance
Lightning Source LLC
Chambersburg PA
CBHW012008090526
44590CB00026B/3925